エンジニアが学ぶ
物流システムの
「知識」と「技術」 第2版

石川和幸

JN108269

SE
SHOEISHA

はじめに

コロナ禍で加速する物流改革

　物流が競争力の源泉になり始めています。小売りの世界では、アマゾンや楽天といったネットに閉じこもらず、物流を武器にビジネスを拡大している企業が成長しています。また、原材料を売る企業間取引でも、品質や価格以上に、提供する物流サービスを高度化して納入先企業に利便性を与え、売上を拡大している企業があります。

　物流というと３Ｋ（きつい、危険、汚い、の頭文字を取って３Ｋ）職場と呼ばれていましたが、近年になって物流が企業競争力に影響を及ぼす状況になっています。

　また、トラックドライバー不足や世界的な輸送量の拡大に伴う輸送船舶の取り合いなどが起き、物流がビジネスのボトルネックになる事態も生じています。物流を効率化しないと、企業利益や輸配送コストへ悪影響を及ぼす危険性が大きくなったのです。コロナ禍においても工場の停止や輸送のひっ迫が生じ、物流がますます重要になってきています。

　にもかかわらず、輸送や荷役といった"作業"以外の物流の仕事は効率的に設計されていません。システム化も遅れています。

　物流が重要になっているにもかかわらず、物流システムにどのようなものがあって、どう導入していけば成功するのかがあまり語られていません。また、物流は物流部門だけで独立して仕事をしているわけではないにもかかわらず、営業や生産といった関連部門との業務的な連携を視野に入れた説明もほとんどされてきていません。

　結果的に、物流に関する議論の大半が、昔ながらの作業改善や物流部門内の業務改善に偏ってしまい、企業競争力に関係の薄い対応しかわからない状況に陥っています。

これでは、物流が企業競争力に貢献することもなく、物流システムの導入もうまくいきません。仕事は、物流部門で閉じて行われるのではなく、部門間で連携して行われるのです。モノを仕入れるところから、お客様に届けるところまでの仕事として物流業務を構築し、システム導入をしないと、競争力を強化できません。

しかし、物流は、そうした一連の仕事の流れとして語られてきませんでした。そのため、多くの物流システムの導入が物流部門単独での導入に陥り、周りの業務との連携や情報の整合性が取られていません。その結果、機能の過不足・ダブりが発生し、効果を上げることができないのです。

縦割り業務になっている企業を導くエンジニアが必要

このような状況は、まさに縦割り業務の弊害です。縦割り業務で、自分の部門の業務以外は知らない、連携は考えないといった状況が物流システムの導入を難しくしています。

物流システムの主要なものは、倉庫管理システム（WMS：Warehouse Management System）と輸配送管理システム（TMS：Transportation Management System）です。WMS も TMS も倉庫管理部門や輸配送管理部門が単独で導入するというよりも、周辺業務や周辺システムとの一貫した仕事の流れに沿った導入が必要です。

たとえば、発注による入庫予定が正確に倉庫に連携されないと、迅速な入庫処理ができません。出庫指示が倉庫にきたときに、どのロットナンバーを出庫すべきかという情報がないと正しい出庫ができません。出荷の予定情報がなければ適正な台数のトラックが用意できません。

また、最近必須になっているトレーサビリティや物流トラッキングの実現のためには、生産、調達、営業といった各部門との業務連携、システム連携が必須です。

エンジニアには、周辺業務との連携を適切に行い、物流システムを適切に導入するスキルと知識、経験が求められています。企業競争力に貢献する物流システムとは、単に荷役や配送といった物流"作業"の効率

化にとどまらず、周辺業務との適切な機能連携をすることで、高度な物流品質と物流サービスが実現できるシステムなのです。

　多くの企業は部門縦割りで仕事をしています。部門を連携した物流システムを作り、競争力のある物流を築き上げるためには、物流システムを導入するエンジニアがリードしなければなりません。エンジニアは、それだけのスキルと経験を要求される一方で、プロフェッショナルとして仕事を推進する重要な役割を担っているのです。

　また、エンジニアには全体像を理解した上で、システム導入を行っていくことが求められています。個別最適で、些末な要件を聞いて画面を作り、プログラムテストレベルで仕事が済む時代は終わっています。

　ビジネス上の要求を満たすためには、物流業務の流れを理解し、機能を明確化し、要件を定義しなければなりません。詳細設計やプログラムレベルではなく、業務設計と機能要件の定義こそが重要なのです。物流とその周辺業務の機能を網羅的に把握し、機能と連携を明確にすることこそ、物流システム導入を成功させる鍵なのです。

┃本書の構成

　本書では、企業の競争力に貢献するための物流システムの導入を可能にする項目をふんだんに盛り込みました。WMSやTMSを導入するエンジニアにとって、必要不可欠な内容と考え方を書き込んでいます。

　第1章では、物流に押し寄せている大きな波について述べています。物流が企業競争力にとって重要になってきていることがわかるでしょう。

　第2章では、物流とは何かを説明しています。いきなり倉庫業務や輸配送業務に飛び込むのではなく、大きな視野で物流を理解することを目的としています。

　第3章では物流の機能を概説し、それを受けた第4章で倉庫管理業務と倉庫管理システム（WMS）、第5章では輸配送業務と輸配送管理システム（TMS）を説明します。システムを構築するエンジニアにとって、業務機能の流れでシステム機能が理解できるように工夫しました。

第6章は発注計算に触れています。古い物流の本では、発注計算が物流の仕事かのように解説されていることがありますが、発注計算は本来物流の仕事ではありません。しかし、包装資材管理における発注計算もあるので、章を割いて解説しました。詳しくは、私が書いた『在庫マネジメントの基本』（日本実業出版社）をお読みいただければと思います。

第7章では、物流における付加価値業務としてトレーサビリティとトラッキングに触れています。トレーサビリティとトラッキングは物流単独では構築できないシステムです。物流システムを作るエンジニアにとって、生産や購買、営業といった物流を取り巻く周辺業務との関連への理解が必要になるため、本書のような仕事の流れによる解説があることは、かなり役に立つと思います。

第8章はサプライチェーン・マネジメント（SCM）に触れています。組織を横断したモノの流れをマネジメントすることの重要性を解説しています。

第9章ではWMSで持つべきシステム機能と導入の留意点を、第10章ではTMSで持つべきシステム機能と導入の留意点をまとめました。エンジニアがシステム構築をする際の一助となるでしょう。

最後の第11章は、物流における新たな潮流とビジネス・テクノロジーを取り上げました。IoT（Internet of Things）、ドローン、自動運転など、今後の進展が物流に大きな影響を及ぼす項目を挙げました。

物流DXに完全対応

第2版にあたり、デジタルトランスフォーメーション（DX：Digital Transformation）の進展を含む物流上の応用例と応用の可能性に触れて、関連する項目を追加しています。DXの進展の一部は、ピッキングDXとしての拡張現実（AR：Augmented Reality）を自社の物流システムに組み込むこともできます。一方で自動運転などの技術は、一企業が作るというよりも車両メーカーと政府・自治体の研究と法整備の結果として導入することになるでしょう。

DXという言葉は、最近あちこちで使われています。しかし、その言

葉の裏には、本当に革新的な技術だけでなく、コンセプト止まりの技術や従来の技術に"ラベル"を貼り直しただけのものもあります。流行に惑わされず、冷静にそれぞれの技術を検証し、実質を見極めて対応していくべきでしょう。

仕入れからお客様に届けるところまでを視野に入れる

　本書は、エンジニアが物流システムを構築する際に、物流システムで持つべき機能、物流システム以外で持つべき機能を明確化できるフレームワークを提供しています。

　物流はどんどんクリエイティブになり、スマートになってきています。物流は単にモノを保管し、運ぶといった作業ではなく、企業競争力に直結する機能に進化を続けています。

　本書が、物流を競争力として捉え、仕入れからお客様に届けるところまでの仕事の流れを視野に入れて、物流を改革・改善し、物流システムを導入していく方々に貢献することを願います。

2021年11月　石川 和幸

第3章 物流業務を機能で読み解く

第4章 倉庫管理業務と倉庫管理システム

第5章 輸配送と輸配送管理システム

第 6 章 発注管理とERP

第 7 章 トレーサビリティとトラッキング

第 8 章 サプライチェーン・マネジメント

第 **9** 章 ｜ WMSの機能と導入時の留意点

第 **10** 章 ｜ TMSの機能と導入時の留意点

第 **11** 章 物流における新たな潮流と ビジネス・テクノロジー

読者特典ダウンロードのご案内

本書の読者特典として、「物流用語集」をご提供いたします。
本書の読者特典を提供するWebサイトは次の通りです。

提供サイト

https://www.shoeisha.co.jp/book/present/9784798172774

●注意

※特典データのダウンロードには、SHOEISHA iD（翔泳社が運営する無料の会員制度）への会員登録が必要です。詳しくは、Webサイトをご覧ください。

※特典データに関する権利は著者および株式会社翔泳社が所有しています。許可なく配布したり、Webサイトに転載することはできません。

※特典データの提供は予告なく終了することがあります。あらかじめご了承ください。

●免責事項

※特典データの記載内容は、2021年10月1日現在の法令等に基づいています。

※特典データに記載されたURL等は予告なく変更される場合があります。

※特典データの提供にあたっては正確な記述につとめましたが、著者や出版社などのいずれも、その内容に対してなんらかの保証をするものではなく、内容やサンプルに基づくいかなる運用結果に関してもいっさいの責任を負いません。

第 **1** 章

物流に大きな変革の波が押し寄せている

物流を制するものは
ビジネスを制す

どんなにネットが発達しても最後はモノを運ぶ力が競争を左右する

物流こそが競争優位を築く最重要業務

　物流の世界は大きな変貌を遂げました。かつて物流といえば、つらい上に乱暴な仕事という悪いイメージを持たれていました。しかし、今では**物流のあり方が企業競争力に直接影響を及ぼすほど重要な仕事**という認識にいたっています。物流の仕事のあり方次第で、会社の業績に影響が出るほどです。

製造業や小売業に大きな影響を与えた多頻度納入

　たとえば、**多頻度納入**という物流形態が世の中の製造業や小売業に大きな影響を及ぼしました。多頻度納入とは、1日に何度も納入をすることで、滞留する在庫量を少なく抑えながら、在庫を切らさない手法です。

　多頻度納入は製造業で発達したものです。自動車産業で生産のタイミングに合わせて部品の納入を実施して、日に何度も納入をしてもらったのです。生産のタイミングに合わせて時間指定納入を部品メーカーに依頼し、日に何度も製造ラインの脇に納入をしてもらいました。これがいわゆる**ジャスト・イン・タイム**（JIT：Just In Time）といわれる納入です。

　多頻度納入が実現すれば、部品在庫は必要なタイミングに、必要な量だけ、必要な場所に届けられるため、在庫を最大限減らすことができます。つまり、自動車産業の効率化は部品メーカーの物流が支えていたのです。

　日本の自動車産業は、今でも世界ナンバーワンの競争力を持っています。その下地は、究極の効率化を実現し、コスト競争力に貢献する物流があるからこそ、なのです。

　同様のことが小売業界にも起きました。コンビニの登場です。コンビ

ニは店舗ごとに多様な商品をそろえていますが、店舗が小さいため、抱えておける在庫量には限りがあります。そこで、在庫の単品管理（商品個々の在庫管理と売上管理）を行い、きめ細かい在庫管理を通じて在庫量を減らし、かつ売れ筋の商品を素早く納入するために多頻度納入を導入しました。

多頻度納入を実現するために、コンビニではセンター倉庫を設置し、店舗の求めに応じて短サイクルで出荷や納品を行う体制を整え、店舗に到着したらすぐに納品できるように、店ごとに荷物を取りそろえる店別ピッキングを実施しました。その結果、コンビニはいつ行っても欲しい品物がそろっているという利便性で消費者を惹きつけ、小売業の最大勢力に躍り出たのです。

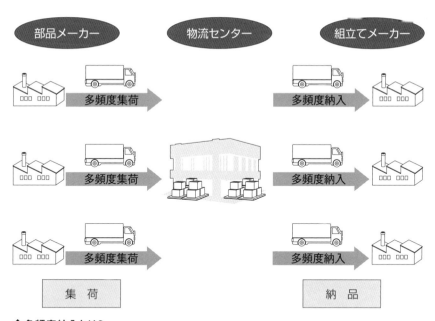

◆多頻度納入とは?

ネット小売業の物流競争の激化

　最近ではネット小売業の物流競争が激しくなっています。アマゾンの登場によってネット小売りが大きく発展しました。モールという形でやや業態が違うものの楽天もネットを通じた流通を開拓し、ネット小売りの道を拓きました。

　ネット小売りの競争優位性は品ぞろえと配送スピードです。ネット小売りは、通常の小売りのように限りある店舗スペースで在庫を持つ必要がなく、大規模な物流センターに在庫を持てば品ぞろえで優位に立つことができます。

　さらにネット小売り同士では、どれだけ早く商品を購入者の元に届けられるかに競争の力点が移りつつあります。激しい物流サービス競争が繰り広げられているのです。

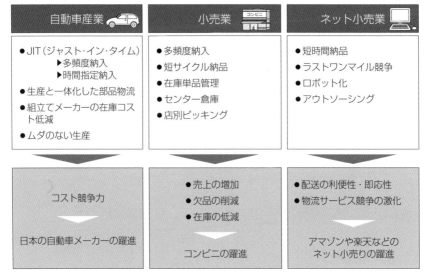

◆物流こそが競争優位を築く最重要業務

　このように、各業界で物流を制したものが業界の最有力企業になっていく時代になったのです。**QCD**（Q：Quality、C：Cost、D：Delivery）

の中で、Q＝品質やC＝コストでの競争や差別化が難しくなる中、D＝デリバリー＝物流でのサービスレベルアップが重要な競争優位を築いてくれるようになりました。

　なお、QCDとは、主に製造業で使われている目標となる指標です。Qは品質の目標で、良品率99.99％といった設定がなされます。物流においては誤出荷率0.05％以下などと設定されます。Cはコストの目標です。物流であれば物流費目標で、売上高物流費4％などと設定されます。Dは納期（デリバリー）で、納期順守や輸送リードタイムです。納期順守率99.5％やリードタイム1日と設定されます。

　競争力を持った物流ネットワークを構築するためには、いつまでも手作業に頼らず、適切な物流システムを導入することが必須です。物流システムの良し悪しが企業競争力に直結する時代になってきたのです。

物流のサービスレベル競争が売上を増大させる

物流サービスが顧客の購買を決める

ネット小売りで始まった「ラストワンマイル」競争

物流サービスで熾烈な競争を繰り広げているのがネット小売りです。日本での代表格はアマゾンジャパンと楽天です。この2社は、顧客にモノを届けるための物流領域で競争しています。この領域を「**ラストワンマイル**」といいます。

「ラストワンマイル」とは、最終消費者にモノを受け渡す最後の物流領域のことです。長い間、この物流領域は店舗で商品を購入し、それを自分で持ち帰るか、もしくは一部の顧客が個別に宅配業者などに委託して運んでもらっていた領域です。この最後の領域を、自社の物流サービスに取り込んだことでサービス競争が激化しています。

アマゾンジャパンの「アマゾン・プライム」、楽天の「あす楽」などがラストワンマイルに当たります。お互いに、いかに短時間で、注文された荷物を顧客に届けられるかを競っています。

この短時間配送を可能にするためには、次のような仕組みを構築しなければなりません。

まず受注したら、即出荷できるようにピッキング指示と配送指示をする必要があります。続いて配送先を特定し、適切に方面別に荷物の仕分けをしてまとめ、短時間でトラックを走らせます。しかも、短時間配送のために用意された小規模な倉庫や車両（在庫ポイントまたは出荷ポイント）の中から、最も早く届けられる手段を受注時に即座に特定しなければなりません。受注即、在庫ポイントまたは出荷ポイントの特定、在庫の有無の確認、出荷指示を一気に、スピーディーに流すには、システムがきちんとしていなければ不可能です。人が介在していては間に合いませんから、**受注から配送までのシステム化は必須**なのです。

　「ラストワンマイル」を制すると、高いサービスレベルに守られて、顧客の囲い込みができるといった前提がありますから、この残された最後の物流領域を誰が握るかは、生き残るための重要な鍵になっているのです。しかし、実現するためには相当な物流コストがかかるため、実際にサービスが成り立つのは人口の多い都市圏に限られるでしょう。

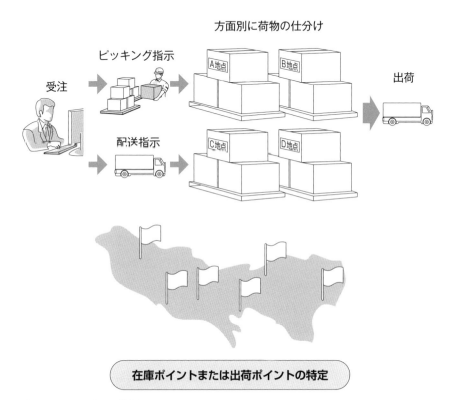

◆ラストワンマイルの仕組み

B2Bビジネスでも物流サービスレベルが競争力になる

　Business to Consumer（B2C）やBusiness to Business（B2B）という言葉を聞いたことがあるでしょうか。

　B2Cとは、消費財を作っている企業を指す言葉です。たとえば、パソコンやプリンター、ティッシュペーパーやおむつ、自動車やオートバイのような最終消費者向け製品を作って届けている企業のことです。

　それに対しB2Bとは、生産財を作っている企業を指します。たとえば、電子製品、紙パルプ、エンジンやハンドルのような他の製造業に納入する製品を作っている企業のことです。

　現代では最終消費者にモノを届けるB2Cだけでなく、企業間取引であるB2Bの領域でも物流サービスは重要な競争力になっています。

　たとえば、工場で部品を調達するときに、納期通りに部品が届かない場合は生産に支障をきたします。しかも、日本では自動車産業を中心にジャスト・イン・タイム（JIT）納入を要求されるため、正確性だけでなく、計画変更にも合わせた迅速な輸送が要求されます。顧客の要求を満たしたJIT納入ができなければ部品の供給業者として選ばれることは困難です。

　JIT要求に応えるには、自社の製造を納入先顧客の製造と同じタイミングにするか、さもなければ納入先の近くに倉庫（JIT倉庫）を設置して、納入指示に合わせて短時間納入できる体制を築かなければなりません。製造を同期させる場合は、製造完了即出荷ですから、トラックを製造スケジュールに合わせて手配しなければなりません。JIT倉庫を設ける場合は、納入指示から出荷指示、ピッキング、荷積み、輸送を迅速に実施できる仕組みが必要です。

　B2Bの物流領域でのサービス競争は別なビジネス領域にも拡大してきています。たとえば小売店舗にモノを届ける場合です。各納入業者がバラバラにモノを持ってくると、店舗側もその都度荷受けをしなければならず、人手がかかって大変です。そこで、**モノを集約して一括納入する仕組みを築いてくれる物流サービス**が重宝されています。

　こうした納入先の作業工数を下げるサービスも重要な競争要因になってきています。

高度経済成長期	成熟期・低成長期
●「作れば売れる時代」 ●少品種大量生産 ●大量輸配送	●「欲しいものがない時代」 ●モノ余り ●多品種少量生産 ●個別・高速輸配送
時間がかかったり、 品質が少々悪くても 目をつぶってもらえた	●欲しいものがない ●必要なもの自体の価値は低下 ●とにかく早く届けて欲しい
競争領域 ●製品の機能 ●製品の品質 ●価格	競争領域 ●速い輸配送 ●変化に柔軟な対応 ●顧客の事情に対応した高いサービスの物流
物流は売上に影響小	物流は売上に影響大

◆物流サービスが競争と売上の鍵を握る

人手不足を解決する効率化のさらなる前進

日本は人手不足で物流が成長と売上確保の足かせに

深刻な人手不足とトラック需要の行き詰まり

日本は少子高齢化から労働力人口の減少が懸念されていますが、それが表面化しているのが物流業界です。特に**トラック業界の人手不足**は深刻です。

トラックドライバーの仕事は重労働です。ただモノを運ぶだけがドライバーの仕事ではなく、時に荷積み、荷卸し、倉庫への納品なども仕事になります。荷積みが遅れても納入先への遅延は許されず、無理な運転で交通違反や事故を起こすわけにもいきませんから、精神的なプレッシャーも高い仕事です。

かつては誇りを持って仕事をしていたドライバーも多く、頑張れば頑張った分だけ収入が増えるため、職業の選択肢として魅力があった業界でした。しかし、昨今の物流自由化によって競争が激しくなり、収入が頭打ちになっています。加えて厳しい作業環境のため、ドライバーになろうとする人が減ってきています。

その一方でネット小売りの伸長により、宅配をはじめとした物流への要求が高まっています。貨物量が増えているにもかかわらず人は増えていませんから、深刻なドライバー不足が起きているのです。宅配のスピードアップ要求、時間指定対応、再配達などの要求の高まりが、ますますドライバー不足に拍車をかけています。

企業間を横断した物流効率化

この傾向は今後も続くことが予測できます。そのため、さまざまな効率化の手が打たれています。

昔からいわれていた**共同配送**も本格化してきました。これまでのよう

に各社別々に運んでいては、トラックの積載効率や運行効率も悪くなります。けれども、複数社で共同配送すれば、それだけ効率が上がります。

　今までは、競合他社に自社の売上がバレるとか、取引量が多い企業に主導権を握られるといった懸念から社内的な抵抗が強く、共同配送は実現していませんでした。しかし、物流があまりにもコスト高になったことから、物流領域では協力したほうがメリットが大きいという認識にいたった業界も出てきたわけです。

　たとえば、家電業界や菓子業界では既に共同配送が行われています。家電業界であれば家電量販店、菓子業界であればスーパーやコンビニなど、同じ納入先が数多くあります。このように納入先が同じであれば、共同配送は実現しやすいのです。

　共同配送と同様に昔からいわれていたのが「**帰り便**」の活用です。帰り便とは、ある場所に輸送を済ませたトラックの帰りの運行便を指します。荷を下ろした帰りなので、荷台が空いています。この空いた荷台を活用しようという発想です。

　これまでは、求車・求貨のマッチングシステムは荷台の空きが生じるタイミングがつかみにくく、また、知らない業者に物流を委託する不安、取引の手間もあることから、あまり進んでいませんでした。しかし、インターネット上のアプリケーションを使うASP（Application Service Providor）を使用することで、利用が簡単になってきたことから、普及に拍車がかかってきています（153ページ参照）。

　長期的に企業間で帰り便を融通し合うケースもあります。大阪から東京に定期的にモノを運んでいる荷主で帰りがいつも空荷であるならば、逆に東京から大阪にモノを運ぶ荷主と組めば往復で荷台が埋まります。一部のメーカー間ではこうした帰り便の融通が行われています。

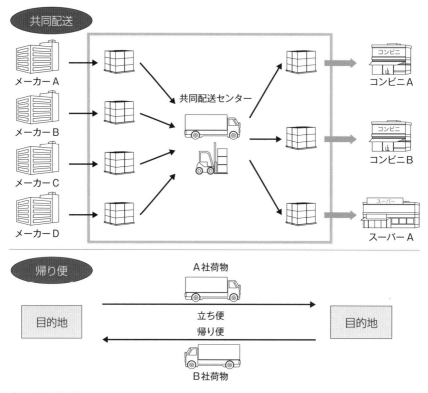

◆共同配送と帰り便

物流のアウトソーシングと自社物流の最適化

　一時期、「持たない経営」がもてはやされ、物流を自社持ちで行わずアウトソーシングすることが一般的になりました。「餅は餅屋」で物流専業の企業に委託したほうがサービスの質が高く、コストも安くなるケースが多いからです。自社ですべての物流の仕組みを持つことは困難ですので、適材適所でアウトソーシングをしてきていたのです。

　しかし、物流費の高騰や人手不足から、自社物流に回帰する企業も出始めています。東日本大震災の直後には、自社物流の企業は自らの力で輸配送を早期に再開していました。

こうしたこともあり、**アウトソーシングと自社物流の最適な組み合わせを考える**必要が出てきています。

宅配における物流上の人手不足対応

宅配における人手不足は深刻です。現在進められている対策は、コンビニ受取り、宅配BOXの設置などでしょう。また、将来的には自動運転トラックによる輸配送、Uberのような物流業者以外の活用、配送のドローン化などが考えられています。また、コロナ禍での新幹線や私鉄の車両を活用した輸送も登場しています。

少子高齢化

労働力不足

物流従事者の減少。
特に、輸配送領域の人手不足が
深刻で、トラック不足

ネット小売りの進展

宅配需要の急増

● 宅配のスピードアップ要求
● 時間指定への対応
● 不在者への再配達が重荷

人手不足に対応した効率化への
取り組みが加速

● 共同配送
● 帰り便の活用
● 求車・求貨のマッチングシステム
● 宅配のコンビニ受取り
● 宅配BOX
● 物流アウトソーシング高騰による自社物流化
● 新幹線や私鉄などの車両の活用
　　　　　…

将来的には、
● 自動運転
● Uberのような物流業者以外の活用
● ドローン化　など

◆人手不足による効率化へのさらなる前進

13

1-4 グローバル化する物流

世界中の需要と供給がネットワーク化されたグローバル物流

物流ネットワークデザインと輸送モード選択が鍵に

　海外の市場も拡大し、日本の製造業が世界中に進出したため、物流の世界も**グローバル**になりました。

　日本に製造拠点があるときには、日本から商品を輸出します。国内の工場がある場所によって、船舶輸送や空輸をする場合の積出港が変わります。しかし、積出港によっては船便の頻度が少ないとか空輸の航路がないといった事態も生じます。そうなると、別な積出港から出荷するために価格の高い国内を輸送しなければならず、物流費が高くなります。

　船舶輸送と空輸どちらにするか、といった選択もコストに影響します。付加価値が高く、ライフサイクルが短いハイテク品は空輸でも十分コストが賄える場合もありますが、付加価値が低い品物は、空輸ではコストが見合わないため、船での輸送が選択されます。

　一時期、高い付加価値が付いたデジタルカメラや精密機器なども徐々に単価が下がり、今では空輸コストが見合わなくなり始めています。そのため、近隣の国であれば船舶輸送への転換も検討され始めています。

　一方、欠品すると顧客に迷惑をかける修理用の補修部品や消耗品については、付加価値が高いものは空輸が選択されます。仮に安価なものでも、空輸によって補充を短サイクル化することで在庫を減らせるのであれば、在庫保管コストが安くなるので空輸が選ばれる場合もあります。

　国によっては船での荷揚げ地の選択が重要になる場合もあります。アメリカであれば西海岸と東海岸で荷揚コストが違います。揚げ地からの陸上輸送コストを合算して、どの揚げ地が有利か検討します。陸上輸送コストが極端に高いオーストラリアのような大陸国では、揚げ地が1カ所では物流コストが高くなるので、複数の揚げ地を使う場合もあり

ます。

　また、以前はコンテナ輸送の仕向先ごとの積替地として韓国の釜山を使うことが多くありました。各地で積み込まれたコンテナを一度釜山に集め、仕向先ごとに積み替え直して輸送することで釜山が海運のハブになっていたのです。現在では中国の各港がハブになりつつあります。

　こうした海運上のハブや空輸のハブを積極的に構築しようという各国の思惑もあり、グローバル物流は今後も変化していくでしょう。

┃グローバル物流のパフォーマンスを計測すべし

　グローバルネットワークは船舶輸送か空輸の選択、積地と揚げ地の選択、陸上輸送のコスト判断、ハブの選択、海運ストなどのリスクといった判断すべき要素が多数あり、**船舶輸送か空輸かといった輸送モード選択と物流ネットワークのデザインが非常に重要になります。**

　その際、私たちが知っておかなければならないことは、航路、空路ごとの単価情報です。物流関係者は、積極的に単価情報を集めておかなければなりません。

　あわせて港の諸掛費用や陸送のコストを関係する各会社から取得します。出荷地から輸入国の倉庫までの調達物流コスト（インバウンドコスト）と倉庫から顧客までの販売物流コスト（アウトバウンドコスト）を検討します。インバウンドコストとアウトバウンドコストに加えて倉庫費用も合算して、トータルでの物流費が測定されます。

　グローバル物流の対売上高物流費はだいたい数パーセントです。トータル物流費を分解して、インバウンドコスト、アウトバウンドコスト、倉庫費をそれぞれ把握し、上記で述べたような輸送モードの選択や物流ネットワークの再構築を行います。さらに単価交渉を行い、作業改善などを積み重ね、コスト改善を目指します。

　改善するにも、物流費の実績が正確に得られないと、どこから手を付けたら良いのかがわかりません。物流費の実績を収集することについては整備が遅れていて、業務の標準化と実績コストの収集ルール化やシステム化が課題になっています。

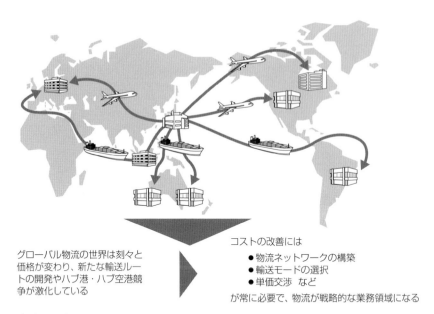

グローバル物流の世界は刻々と
価格が変わり、新たな輸送ルー
トの開発やハブ港・ハブ空港競
争が激化している

コストの改善には

- 物流ネットワークの構築
- 輸送モードの選択
- 単価交渉　など

が常に必要で、物流が戦略的な業務領域になる

◆グローバル化する物流

1-5 進む販売物流の改革とこれから始まる調達物流改革

販売物流に比べて遅れている調達物流の改革・改善

販売物流という業務領域の認識と改革の状況

　販売以降、顧客にモノを届けるまでの業務領域を**販売物流**といいます。受注、出荷、配送、売上の請求といった一連の業務の流れとモノの流れが販売物流の対象領域となります。

　近年、販売物流領域では改革の機運が高まっています。「ラストワンマイル」競争や物流サービスレベル競争に見られるように、販売物流領域の業務が企業競争力に大きな影響を及ぼすからです。

　しかし、企業は組織ごとに専門が特化してしまったため、販売と物流は別々に効率化などの改革をしており、改革・改善の機会と効果が組織内でバラバラになってしまっています。その結果、効果が不十分で、組織内の自己満足的な改善にとどまってしまったり、ひどいケースになると組織内の効率化が別の組織には悪影響を及ぼしたりしています。実際、私の知る企業でも、物流部門が在庫削減を名目に倉庫の統合をしてしまい、欠品や輸送時間の長期化が発生しました。在庫が減ったとはいえ、結果的に売上を大幅に減らしてしまうという失敗をしています。

　このように販売物流管理としてトータルに業務を捉える視点が欠けていると、企業競争力に関係のない個別の組織改善に陥り、問題を起こしてしまうのです。

　「作れば売れる時代」が終わった成熟した市場で競争している現在、「個別組織の改善の足し算」が、「企業全体の競争力」強化にはならなくなってきています。特に、販売物流領域は、顧客との接点に当たる受注から出荷、売上の請求までの一連の流れですから、単なる物流と捉えず、販売物流という顧客へのサービスによる売上拡大・維持という重要な競争力の源泉になるとの認識が必要です。

さらに、販売物流業務をスムーズに行えるシステム支援があることも重要です。一連の販売物流の流れが構築されていれば、業務もスムーズにいきますし、システム支援もしっかりしています。

逆に、販売物流という視点がなく、個別業務ごとに仕事をしていると、属人的な対応が必要になります。効率が悪く、サービスレベルもバラつき、ミスも多くなり、業務とは呼べないような単なる社内調整作業が大量に発生し、顧客に迷惑がかかります。システム支援もないので、すべて手作業による対応です。これでは、企業競争力を損なうだけです。

現在の企業は、顧客と接する場面での競争力強化を目指して、販売物流領域で**競争力のある業務とシステムを構築しなければなりません**。物流組織単体だけを考えれば良い時代ではないのです。

▌調達物流という業務領域の認識と改革の状況

販売物流領域に対して、原材料や部品、仕入商品などを調達して仕入れるために行う物流を**調達物流**といいます。調達物流領域の改革・改善は遅れています。その理由は、調達に関わる業務を供給業者に依存していることと、企業内に調達物流という考え方がないために、業務と認識されていないからです。認識されていない業務は改善できません。もし、あなたの会社に調達物流という言葉がなく、納入をサプライヤー任せにしているのなら、改善の余地があります。

自動車会社のJIT納入は、調達物流の代表的な改革事例です。調達に関わる納入を生産と同期させるための業務システムが構築されています。JITを成り立たせるためには、発注側企業とサプライヤー間で計画の共有や納入指示の連動などの業務が設計されている必要があります。

また、調達物流領域でコスト改善を行うには、**購入するモノの単価と納入に関わる物流費を分けて管理しなければなりません**。旧態依然の企業は、購入単価に物流費が隠れてしまい、モノのコストと物流のコストが分離できず、費用を分けてコストダウンをすることが困難でした。

今後は、購入するモノの単価と物流費を分けて管理することが求められます。

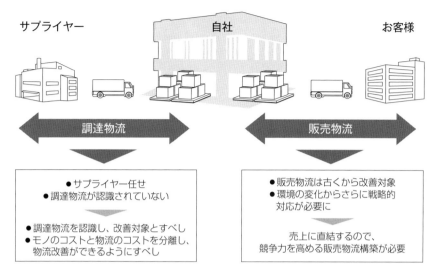

サプライヤー　　　　　　　自社　　　　　　　　お客様

調達物流　　　　　　　　　　　　　販売物流

● サプライヤー任せ
● 調達物流が認識されていない

● 調達物流を認識し、改善対象とすべし
● モノのコストと物流のコストを分離し、物流改善ができるようにすべし

● 販売物流は古くから改善対象
● 環境の変化からさらに戦略的対応が必要に

売上に直結するので、競争力を高める販売物流構築が必要

◆販売物流と調達物流の現状と改善すべき点

物流の新たな潮流

自動化、AR、ロボット化、IoT、ドローン化

ピッキングや輸送の自動化と拡張現実

　物流の世界は、テクノロジーを活用して究極の効率化を進めています。この効率化は、単なる業者サイドの都合だけではなく、顧客の利便性を最大限満たすことも視野に進められています。つまり、顧客へのサービスレベルの向上とコストダウンを両立させることを目指しているわけです。

　たとえば、人手で行っていた**出庫作業（ピッキング）の自動化**への動きです。この分野は、既にロボット化が相当進んでいます。今までは人力で行っていた出庫作業を機械やロボットで代行させ自動化するのです。自動倉庫、自動ピッキング、自動搬送、自動仕分け（ソーティング）、自動包装などは一般化しました。

　また、完全自動化はしていないまでも、作業の一部自動化をしながら、機械と作業者の連携で仕事が効率化されています。たとえば、デジタルピッキングでは、モノの入ったトレイに付いた電灯を点灯させ、ミスのないピッキング指示を出しています。また、ピッキングリストを見ながらだと手がふさがって作業効率が悪いので、音声指示によるピッキング指示も行われています。

　ピッキングリストや出荷伝票、納品者へのデータ転記、印刷もコンピューター上のロボットによって自動化され始めています。物理的な作業を行う作業ロボットではなく、事務作業を自動化するコンピューター上のロボットも急速に導入されています。事務作業に展開されるロボット化は**RPA**（Robotic Process Automation）と呼ばれています。

　こうした作業者の作業を効率化した先には**拡張現実**（**AR**：Augmented Reality）を使った作業もまもなく登場します。頭に着けたヘッドマウン

ターに指示が出て、いちいち手で確認のボタンなどを押さなくとも、作業が進むようになるでしょう。作業にミスが起きそうであれば、ヘッドマウンターで警告が表示されてミスが防止され、作業が済めば、センサーで作業完了が報告され、すぐに次の指示が表示されます。

　人手不足が極端に進みそうな輸送の領域では、ロボットによる**自動運転**が実用化されようとしています。まずは長距離輸送向けの安定的に運転できる高速道路やハイウェイなどの環境下で自動運転が始まるでしょう。しかし、よりテクノロジーが進み、法制度やインフラが整備されるに従い、都市部での運転も自動運転になっていくことが予想されます。

┃IoTが拓く新たな物流の潮流

　IoT（Internet of Things）といわれる「モノのインターネット化」が大きな流れになってきています。各端末にIPアドレスが振られ、センサーの発達によってデータ収集のコストが大幅に下がり、データ品質が上がることで、各種測定値が自動的に収集できるようになります。

　IoTという言葉が登場する前から、車両の運行データを収集して、運行実績の可視化と運転技術への指導に活用したり、重機の稼働監視を行ったりといったことが一般化され始めていました。IoTは、こうした流れをさらに加速させます。

　センサーによる位置情報と地図情報を連動させることで、車両の自動運転だけでなく、船舶の自動運転、さらには**ドローン**による自動配送も可能になっていくでしょう。

　一方、「IoTが実現できればバラ色の未来が開ける」といったシステムベンダーからのメッセージは、かつてのRFID（Radio Frequency Identifier）が登場した当初の宣伝に近いものを感じさせます。RFIDは確かに便利ですが、単なるモノの識別用のテクノロジーでしかありません。効率化はされますが、ビジネスが根本から変わるようなことは今のところ実現していません。

　しかし、IoTに代表されるテクノロジーのインパクトはとても大きく、ビジネスモデルそのものを革新していく可能性を秘めています。

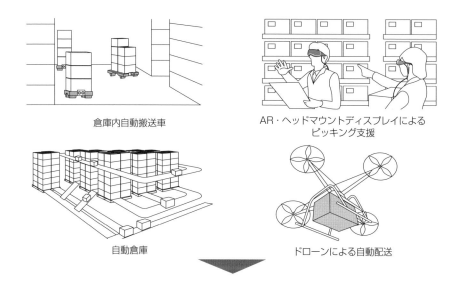

倉庫内自動搬送車

AR・ヘッドマウントディスプレイによる
ピッキング支援

自動倉庫

ドローンによる自動配送

物流の世界にもテクノロジーによる変革の波が押し寄せている

◆自動化、AR、ロボット化、IoT、ドローン化の進行

1-7 従来の物流QCD管理だけでなく新たな管理指標も必要

物流の重要管理指標の管理は遅れている

▍物流に関する"作業管理上のQCD"は測定されている

　物流は、とても古くから存在する歴史ある業界です。物流業界の近代化が叫ばれ出してからかなりの時間が経っていますが、今も進化している段階といえるでしょう。

　物流業界ではトラック1台から起業が可能ですから、かつては「我こそは」と思う人が起業し、重労働を厭わなければ稼げた業界でした。したがって、経営的な視点で物流ビジネスを構築するよりも、まず稼ぐことが第一とされてきた一面もあります。

　私は、かつて旧通産省のプロジェクトで、中小倉庫・物流業者向けのシステム企画の構想に関わったことがあります。そのとき感じたのは、中小物流業者にとっては、まず売上を稼ぎ利益を出すことが第一とされたため、経営的な管理に時間が割けず、「勘と経験」で最後に帳尻を合わせるという姿勢でした。日本の製造業では当たり前の管理である品質（Q：Quality）、コスト（C：Cost）、納期（D：Delivery）管理のレベルは低く、QCDとあわせて重視される安全（S：Safety）管理も弱いものでした。

　しかし、個別の運行効率や燃費といった経営数値に影響する指標は、タコメーターの導入などで、何とか得ようという努力もされてきましたし、最近ではIoT機器の導入でトラック1台当たりの運行効率管理のレベルは格段に向上してきました。

　倉庫業務では誤出荷率、汚損・破損件数、残業時間、時間当たりの出荷件数などの作業管理に関わる指標が測定されてきています。日本企業は昔から作業改善と作業管理が得意で、この点で倉庫では製造現場と同等の作業改善と作業管理が推進されています。

しかし、こうした作業改善に必要な管理指標がシステムによって自動的に収集されているかというと、実態はまったく異なります。人的な作業を通じてデータが集められ、加工されているのが実態で、スピードや正確性に問題があり、管理のためのムダな作業時間を生んでいます。こうした指標管理に必要なデータ収集や加工のシステム化が必須です。

物流に関する経営管理上の指標管理はきちんとできていない

とはいえ、トラック1台ごとの運行管理が精緻にできるようになり、倉庫での作業管理は一般化しました。その反面、経営的なPDCAを回すための物流に関わる経営管理指標の測定は遅れています。

経営的な指標としては、サマリーとしての**対売上高物流費**（物流費／売上高）があります。こうした数値は、会計システムから簡単に取れるように思うかもしれませんが、実はそうではありません。対売上高物流費が不正確な企業はたくさんあります。

理由は、物流費がきちんと把握されていないからです。営業政策上、輸送費が販促費になっていたり、値引き対象として経理上安く計上されたりしてしまい、正確な物流費が把握できなくなっていることがよくあります。

調達物流管理上も同じようなことが起きています。調達に関わる物流費が個別に把握されず、原材料の購入代金の値引き項目に混入されていると、把握すべき調達物流費が原材料費と一体化してしまい、その金額が明らかになりません。そうなると、調達物流費の把握と改善が困難になります。

物流費を個別に管理する意識がないと、他の費用に入り込んでしまい、把握することができず、改善が困難になります。

会計的に物流費をきちんと分ける仕組みが必要です。そのためには、**物流費の会計システムでの処理をきちんと定義**し、徹底させなければなりません。物流組織から提言していく必要があります。

従来型の主な物流管理指標

　主な従来型の物流管理指標について説明します。主に作業改善のために収集される作業実績としてのQCDに関わる指標です。代表的な物流管理指標は、次の表の通りです。

◆従来型の主な物流管理指標

物流管理指標	内　容	計算法
納期順守率	納期通りに入荷された件数の割合	納期順守した入荷件数／全入荷件数×100
誤入荷率	誤って入荷された件数の割合	誤入荷件数／全入荷件数×100
汚損率	汚れたり、破損していたりした入荷の件数の割合	汚損された入荷件数／全入荷件数×100
倉庫稼働率	倉庫の保管スペースが占有されている割合	保管占有された保管スペース／全保管スペース×100
誤出荷率	誤って出荷された件数の割合	誤出荷件数／全出荷件数×100
積載効率	トラックの積載の割合	トラックの積載貨物重量または容積／トラックの可積載重量または可積載容積×100
実車率	荷物を積んで走行した距離の割合	荷物を積んで走行した距離／全走行距離×100

経営的な視点を持った主な物流管理指標

　作業レベルの指標だけでなく、経営的指標も必要になっています。経営的な物流指標は、次の表に挙げたものが代表的なものです。

◆経営的な視点を持った主な物流管理指標

物流管理指標	内　容	計算法
調達物流費原価率	製造原価や仕入原価に占める調達物流費の割合	調達物流費／製造原価×100、または調達物流費／仕入原価×100
対売上高調達物流費率	売上高に占める調達物流費の割合	調達物流費／売上高×100
対売上高輸入物流費率	・売上高に占める輸入時にかかる物流費の割合 ・輸入輸送費、輸入諸経費などの費用を集計する ・輸入に関わるのでインバウンド物流費とも呼ぶ	輸入に関わる物流費／売上高×100
サプライヤー別物流費	・サプライヤー別にかかっている物流費（サプライヤー別物流費のサプライヤー別集計） ・サプライヤーごとにどれだけ物流費がかかっているのか把握する	―

次ページへ続く

物流管理指標	内　容	計算法
対売上高 倉庫費率	・売上高に占める倉庫関連費用の割合 ・倉庫費には、保管料、荷役費、倉庫の水道光熱費、保険料といった倉庫運営にかかる関連費用が含まれる	倉庫費／売上高×100
外注対自社 社員比率	倉庫作業者における外注人員と自社社員の割合（外注人員数：自社社員数）	―
倉庫人件費	・倉庫関連の人件費（倉庫関連の人件費合計） ・外注別、自社社員別に人件費を集計することもある	―
在庫月数	売上高に対する在庫の保管割合	在庫金額／売上高
対売上高 販売物流費率	売上高に占める販売物流費の割合	販売物流費／売上高×100
対売上高 輸出物流費率	・売上高に占める輸出時にかかる物流費の割合 ・輸出輸送費、輸出諸経費などの費用を集計する ・輸出に関わるのでアウトバウンド物流費とも呼ぶ	輸出に関わる物流費／売上高×100
顧客別物流費	・顧客別にかかっている物流費（顧客別物流費の顧客別集計） ・顧客ごとにどれだけ物流費がかかっているのか把握する	―

従来の物流管理指標：作業レベルの指標が重要

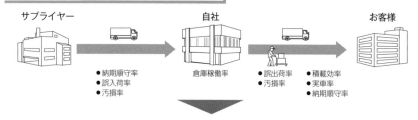

新たな物流管理指標：経営的な指標が重要に。かつ輸出入に関わる物流指標も要測定

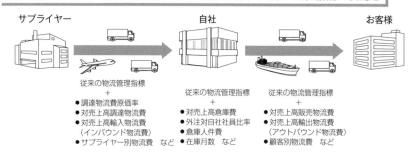

◆従来の物流QCD管理も重要だが、経営的な視点を持った新たな管理指標も必要

1-8 物流を制するための物流システム導入が重要

つぎはぎで導入された物流システムは現場改善にとどまっている

これまでの物流システムの功罪と新たな要件への対応

　物流領域のシステム化は進んできています。在庫管理、ピッキング、出荷指示、各種伝票印刷はシステム化されないと管理できないほど物量や出荷頻度が上がってきているからです。

　物流管理上のシステムは**倉庫管理の仕組み**が軸になっています。在庫の単品管理やロケーション管理（61ページ参照）が実施されています。出庫指示に対して適切な在庫が引き当てられ、ピッキングリストが出力されます。同時に出荷伝票、納品書、納品受領書が出力され、運送業者にモノと一緒に引き渡されます。倉庫管理システム（WMS：Warehouse Management System）が主軸になり、処理が完結します。在庫管理、出荷・配送に関わる機能は倉庫管理システムによって実装され、必要十分な機能が実現されます。

　倉庫管理では入庫、保管、出庫が管理されます。モノが納入されると、入庫したモノの品番、数量、入庫日などの必要情報が登録されます。バーコード化されていればバーコードリーダーで入庫処理は完了します。

　入庫予定が基幹システムや納入業者から事前に届けられていれば、入庫処理に際して入庫予定と突き合わせができ、誤入荷や入庫漏れ、分納における残管理ができます。入庫予定がないと、単に入庫されたモノの入庫実績しか管理できず、適切な入庫数量なのか、もしくは納入残があるのか判断ができません。確実に入庫予定を取得でき、入庫時に入庫予定を消し込める仕組みを構築すべきでしょう。意外とこの仕組みがなく、残管理が人に依存した管理下で行われているため、精度が上がらない企業も多くあります。

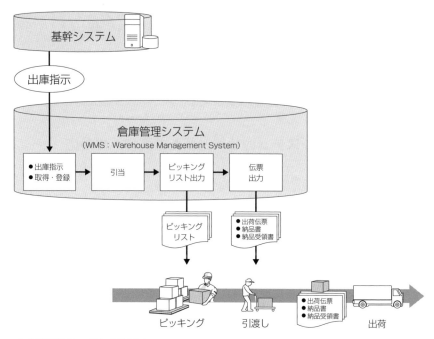

◆倉庫管理システムの仕組み

　在庫管理や出荷管理を中心に作られた倉庫管理システムですが、ビジネス上の要件の変化によって、新たな機能が要求されます。たとえば、**トレーサビリティ**です。

　トレーサビリティとは、製品の製造や原材料の出自にいたるまでを連動して管理し、問題が起きたときに遡って原因箇所を発見できるようにしておくことです。トレーサビリティを可能にするためには、出荷したモノすべてを一意に識別しなければなりません。出荷された品目がどこの顧客に出荷されたのか、出荷された品目の製造日、製造場所などが特定できるロットナンバーやシリアルナンバーなどの固有の番号管理が必要です。

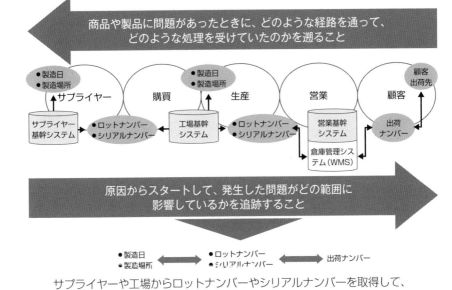

商品や製品に問題があったときに、どのような経路を通って、どのような処理を受けていたのかを遡ること

原因からスタートして、発生した問題がどの範囲に影響しているかを追跡すること

●製造日　●製造場所　◀▶　●ロットナンバー　●シリアルナンバー　◀▶　出荷ナンバー

サプライヤーや工場からロットナンバーやシリアルナンバーを取得して、出荷ナンバーと連携させる仕組みを作ることで、トレーサビリティができる

◆トレーサビリティの仕組み

　こうした情報を新たに管理しなければなりませんが、ロットナンバーやシリアルナンバーは製造現場で採番されるため、倉庫管理システム単独では採番できず、生産管理システムなどの基幹システムからロットナンバーやシリアルナンバーをデータとして取得することが必要になります。つまり、倉庫管理システムだけでなく、**周辺システムとの機能連携を考えてシステム構築をしなければならないのです。**

　同様のことはたくさんあり、現在の物流システムは物流単独では構築できなくなっています。周辺の関連領域との業務連携とデータ連携を整理して構築しなければならないのです。

　トレーサビリティだけでなく、出荷時に顧客ごとに古いものから出荷する「**先入れ先出し**」の指定、商談上の営業先行在庫確保などの要件がシステム化されないと、手作業による管理で効率が悪くなり、低品質の管理をしなければならなくなります。ビジネスの変化により、新たな要求が生じるので、物流システムの追加改修も大変なのです。

全体最適化を実現するために必要なこと

　前述したように、ビジネスの変化に伴い、物流業務も変わります。特に、ロットナンバーを指定して引当や出荷、トレーサビリティなどの物流業務以外の周辺関連領域から要求される機能が複雑で、かつ重要になってきています。物流は顧客接点に当たるため、業務上確実に実施しなければならないことが多く、売上や在庫管理に直接影響する機能がたくさんあります。

　物流管理に関わるシステムを物流だけで構築しては、ビジネスに貢献できる仕組みになりません。個別のシステムを最適化するだけではつぎはぎだらけのシステムになり、結局、手作業による管理が必要になってしまいます。システム全体の最適化を念頭に、物流以外の業務との連携を視野に入れ、業務の流れの中で物流システムの構築をしなければなりません。

◆システム全体を見据えた物流システム構築が重要

1-9 新たな潮流となる 物流DXの展望と課題

デジタルで物流を改革する物流DXは新たな変革となるか?

DXという新たな改革の潮流

デジタルトランスフォーメーション（**DX**：Digital Transformation）という言葉は聞いたことがあるでしょう。DXのコンセプトは、デジタル技術で企業に改革を起こし、ビジネスにも革新をもたらすというものです。

日本企業は、IT活用のレベルがあまり高くなく、人に依存した業務が多くなっています。これは、長い間日本企業が属人的な仕事を良しとしてきた結果でもあります。

業務の標準化が大きく遅れていて、社員に「工夫して効率化せよ」と今でも平気でいうマネジメント層がたくさんいます。日本人はまじめで勤勉、優秀ですから、これまでは創意工夫で何とかしてきました。

その結果、人が頑張る仕事ばかりが増え、システム化が遅れました。経験主義に基づく属人的な考えで業務が営まれるため、パッケージシステムが適合しません。そのため、さらにシステム化が遅れるという悪循環が生じています。

「作れば売れる」大量生産の時代は良かったでしょう。仕事は単純で、大した量でもなく、難易度も低かった時代は人手を増やして頑張ればどうにかなったのです。

しかし、現代は多様化の時代です。経済規模も大きくなり、複雑度は比較にならないくらいに進みました。それなのに、いまだITへの投資は少なく、人材育成は行われず、人手で頑張る状況が続いています。

パッケージシステムの活用と自社IT人材による
自社システムの構築

　工場の製造作業や物流の倉庫作業などは、作業を分析して、効率的に作業を組み立て直すIE（Industrial Engineering）という作業改善手法を使って業務の標準化がされているものの、それ以外の仕事は標準化という意識が日本企業はとても低いのです。

　そのため、パッケージシステムをそのままの機能で導入することができません。自社の属人化した顧客サービスを阻害する非効率な業務をシステム化しようとすると、ムダな機能が山盛りのシステムになってしまいます。莫大なお金をかける割に、何の改善も、競争力への貢献もないシステムになるだけです。

　日本企業はITを軽視しています。強力なIT部門を社内に持っておらず、そのためIT人材の育成もおろそかにしています。そのため、脆弱な体制でシステム発注や構築をしています。結果、企業の革新には程遠いレベルの仕事になり、どうでもいい微細機能の導入と維持にお金と工数を浪費しているのです。

物流分野でこれから起きてくる革新

　物流業務もIT活用レベルが低い業務の1つです。ソーターやコンベアなどのモノを動かす**マテハン機器**は自動化が進んではいるものの、業務に関わるシステムはせいぜい、ピッキングリストや伝票が印刷できるといった内容が関の山です。それ以外はほぼ人が頑張る作業といった状態です。

　しかし、ここにきて物流業務に対してもDXの波が押し寄せてきています。その背景となる要因の1つが人手不足です。人に依存したままでは、物流業務が成り立たなくなってきているのです。

　DX自体はいまだに曖昧でぼんやりした概念ですが、個々の分野では改めてDXを標榜して革新を仕掛けてきています。

　最初に注目されたのがマテハン機器のさらなる改革です。アマゾンをはじめとして、物流を競争力にすることを標榜する企業ではマテハン機

器の徹底した自動化が進められてきています。

　古くからある傭車（51ページで解説）と帰り便のマッチングをインターネット経由でできないかといったサービス革新、ビッグデータの活用や自動運転などが物流分野へ取り込まれつつあり、各所で革新への試みが見られます。

　GPSの発展、輸送ルート最適化、ビーコンなどの無線技術応用やRFIDの活用、ドライバーのバイタル情報収集による安全性の確保と事前リスク低減など、**物流に対するDX革新**も次々と準備されています。

　こうした新しいサービスが一般化するのはまだまだ先でしょう。とはいえ、このような技術は日進月歩で進化していきます。物流システムに携わるのであればこうしたトレンドは常にフォローしていかなければなりません。実用化は始まったばかりですが、物流分野でDXを標榜して進んでいくITサービスも確認していきましょう。

高度経済成長の残滓

高度経済成長の残滓
人が頑張る、創意工夫、経験主義 ⇔ IT軽視

人手不足
ITの遅れ　➡　生産性低下
サービスの低下
ブラック企業化

これではまずい……

DX：Digital Transformation

デジタル技術で企業に改革をもたらし、
ビジネスに革新をもたらすというコンセプト

◆DXの登場

第 2 章

物流とは何か?

モノの流れから物流を捉える

モノの流れを俯瞰して、その流れから物流を捉える

物流は「Physical Distribution」の訳

　物流の語源は、「Physical Distribution」の訳である「物的流通＝物流」から始まりました。簡単にいうと**モノの流れ**が物流ということです。物的流通ということを念頭に、日本の物流業務はモノの流れを追うことで構築されたため、輸配送や倉庫業務を中心に語られてきたのです。

　物流と聞くと、トラックや船での輸送、倉庫での荷役作業を思い浮かべるのは、物流が"モノを運び"、"保管する"ことと認識されたことが背景にあります。

　規格化されたモノを繰り返し大量生産、大量輸送する時代には、単純な"モノを運び"、"保管する"仕事だけで物流としては十分でした。それぞれの作業改善の足し算がコストダウンにもなりました。そのため、物流管理というと作業改善に注目が集まり、いかにして作業を効率化するか、という考えが一般化しました。物流管理は細かい作業レベルの改善と捉えられたのです。

物流管理は細かい作業レベルの改善から作り上げられてきた

　作業改善は、きちんとした物流を実現し、物流のQ：Quality（品質）・C：Cost（コスト）・D：Delivery（納期）目標を達成するために必須の作業です。作業レベルの改善は基礎体力として大切です。

　作業レベルの改善が積み上げられ、物流に関わる研究や改善事例、書籍の多くは**輸配送の効率化**や**倉庫作業の改善**が中心になりました。作業レベルでいえば、日本の物流の効率と競争力は非常に高いといえます。

モノの流れ全体を俯瞰して見る必要性

しかし、時代が変わりました。大量生産・大量輸送の時代に作業レベルで、自然発生的に磨き上げられた物流が齟齬（そご）をきたすようになってきたのです。

倉庫業務を改善して人を減らした結果、急な出荷要求に対応できなくなる可能性もあります。積載効率を上げるためにトラックを満載にすると、ムダな在庫が売れ残ります。在庫を減らせといわれて倉庫を統合してトータル在庫を減らすと、今度は欠品する、納期が長くなると営業から文句をいわれます。

つまり、**物流単独の作業改善レベルで勝手に改善しても、全体に迷惑をかけかねない**のです。

あるいは、トレーサビリティを実現しろといわれたとします。しかし、生産部門とのデータ連動がないため、倉庫では手作業による出荷台帳管理が必要となり、作業が増えます。物流業務以外の業務との連携で、整合性を保った改善や業務分担を行わないと、企業利益の足を引っ張ることになりかねません。

物流だけがラクになって、他部署に苦労を押し付けても意味がありませんし、その逆も同様です。また、物流改善で生み出した効果が、他の業務を阻害したマイナスで相殺されるなら、それも意味がありません。

物流は、作業内容や物流部門のモノの流れだけを認識すれば良いわけではなく、**物流を取り巻く、モノの流れ、業務の流れを意識しなければならない**のです。

物流をモノの流れで俯瞰する

前述のように物流の基本は、入荷・入庫、保管、出庫・出荷、輸送・配送といったモノの流れです。

倉庫内のモノの流れが、入荷・入庫、保管、出庫・出荷です。倉庫の外側に集荷などの調達物流が存在します。倉庫内には、**流通加工**もあります。製造業では、工場内の**工場内物流**があります。お客様にモノを届

ける輸送・配送があり、返品や回収といったリターンとしての物流があります。こうしたモノの流れを俯瞰し、今、どの物流領域を対象にしているのかを明確に認識しなければなりません。

本章では、モノの流れを視点として物流を俯瞰してみましょう。

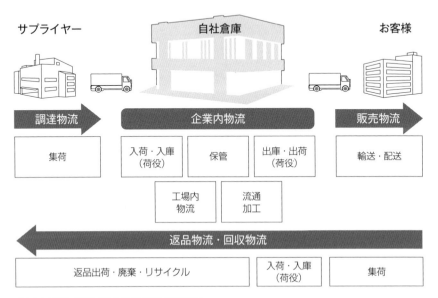

◆モノの流れを視点として物流を俯瞰する

2-2 モノの流れから見た物流 ❶ 調達物流

モノの仕入れに関わる物流領域

忘れられがちな調達物流

　調達物流は、手配されたモノを自社に運ぶモノの流れになります。製造業であれば部品や原材料の仕入れに関わる物流です。流通業では商品の仕入れに関わる物流です。

　通常、製造業でも流通業でも調達物流はそれほど重視されません。重視されるどころか、認識さえされていないケースもあります。仕入れに関わる物流は、通常サプライヤーが担っていて、仕入れる側は意識しなくて済んでしまうからです。

　サプライヤーが担っている調達物流をモノの流れで紐解くと、「集荷」→「輸送」となるでしょう。もし、集荷後に一時保管などがあれば、「集荷」→「入庫」→「保管」→「出庫」→「輸送」となります。こうしたモノの流れはサプライヤーが担うので、仕入れる側の企業はほとんど意識しません。

　モノの流れがあるということは、業務管理の対象にもなり、コストダウンや改善対象にもなるはずです。

　しかし、調達物流は意識されないため、購入単価の「高い・安い」ばかりが取り沙汰され、調達物流そのものの物流コストダウン交渉は俎上（そじょう）にも上ってこないのです。もし、仕入品の単価と調達物流費が分離されれば、調達物流が改善対象になります。仕入品の単価交渉とは別に、物流のあり方の改善が検討できるのです。

　古い業界では、この調達物流費をあえて仕入先に意識させず、「物流費はうちが持ちますよ」といった値引き対象のバッファーにしたり、サービスしているといったアピールに使ったりします。調達物流費は明示せず、サプライヤーにとって有利な交渉材料にしておきたいのです。

しかし、サプライヤー持ちだという調達物流費が安いのか高いのか、何の確証もありません。コストが見えないのですから当然です。

　仕入企業は、**仕入品の単価と調達物流費を分けて見積もりを取り、別々に価格交渉を行う**必要があります。費用を分離することで、コストダウン交渉も改善も可能になるのです。

一部の業界では調達物流は重要な改革領域

　製造業の一部では、調達物流の領域は改善対象になっています。仕入品の単価と調達物流費を分けて見積もりを取り、交渉しています。サプライヤーに調達物流を任せず、自ら集荷することで調達物流費をコントロールしている企業もあります。

　また、18ページで述べたように、JIT納入は、納入までの在庫管理をサプライヤーに任せながら、納入方式をJIT化することで調達物流を改革した例です。

　流通業でも調達物流は改革の対象です。流通施設へのセンター納品は、流通業が商品を仕入れる際の調達物流の形態を指定し、物流費のコストコントロールを行う方式です。

　サプライヤーはセンターに納品し、一度センターで在庫を保管します。保管中の在庫の持ち主はサプライヤーです。仕入れる側は、必要なときに発注します。センターから納入された時点でサプライヤーの売上になり、売上の一部が使用料としてセンター倉庫を運営する物流業者に落ちます。センター納品は、在庫管理をギリギリまでサプライヤーに行わせ（これを**VMI**：Vendor Managed Inventoryといいます）、入荷も一括でできる仕入企業にとっては効率的な調達物流の手法です。

　調達物流は、業務機能をきちんと可視化して設計する海外企業にとっては当然の改善対象です。各所を回って集荷する**ミルクラン集荷**や工場渡し（Ex-Works）が当たり前で、集荷するのが普通といった考えが一般化しています。

　日本の製造業や流通業は調達物流の視点が希薄です。調達物流領域には改善の余地が残っています。

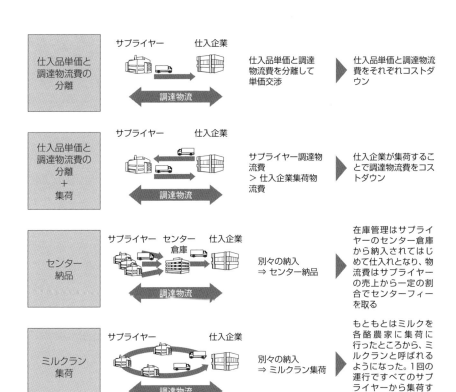

仕入品単価と調達物流費の分離	サプライヤー 仕入企業 調達物流	仕入品単価と調達物流費を分離して単価交渉	仕入品単価と調達物流費をそれぞれコストダウン
仕入品単価と調達物流費の分離＋集荷	サプライヤー 仕入企業 調達物流	サプライヤー調達物流費 ＞ 仕入企業集荷物流費	仕入企業が集荷することで調達物流費をコストダウン
センター納品	サプライヤー センター倉庫 仕入企業 調達物流	別々の納入 ⇒ センター納品	在庫管理はサプライヤーのセンター倉庫から納入されてはじめて仕入れとなり、物流費はサプライヤーの売上から一定の割合でセンターフィーを取る
ミルクラン集荷	サプライヤー 仕入企業 調達物流	別々の納入 ⇒ ミルクラン集荷	もともとはミルクを各酪農家に集荷に行ったところから、ミルクランと呼ばれるようになった。1回の運行ですべてのサプライヤーから集荷することで効率化できる場合がある

◆調達物流はモノを仕入れるための物流

41

工場内のモノの流れも物流である

製造業であれば、工場の中にもモノの流れ＝物流があります。これを**工場内物流**といいます。

工場内の物流をわかりやすくするために、在庫がある商品の保管場所を考えます。保管場所として、部品や原材料が入荷され、保管される資材倉庫があります。また、製造用に現場に払い出された工程内仕掛在庫も工程内の指定された場所に保管されます。

工程の最後には、完成後の検査待ち中の品質管理判定待ち保管場所があります。検査に合格して、出荷可能になってはじめて製品倉庫に引き渡され、出荷されるまで保管されます。

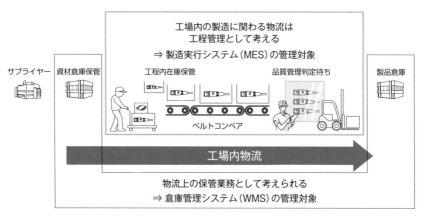

◆工場の中にも工場内物流という物流がある

製造ラインと搬送機器の組み合わせ、人の関わり

　各保管場所から製造現場へ、各製造現場から保管場所への運搬はさまざまな方法で行われます。最も簡単な方法は人が運搬することです。手持ちで運んだり、台車で運んだりします。フォークリフトを運転して運ぶのも、人が運んでいると考えても良いかもしれません。

　倉庫と設備、設備と設備の間がベルトコンベアやパイプでつながっているのであれば、それらで自動搬送されることになります。完全自動ではなく、人が投入したり、トレイに載せ直したり、人がさまざまなサポートをしながら搬送が行われます。自動搬送車で倉庫や工程間を自動的に搬送する方法もあります。

資材倉庫保管と工程内在庫保管の区別

　資材倉庫保管と工程内在庫保管は別物と考えなければなりません。

　資材倉庫は入荷、検品、入庫、保管、出庫といった一般的な倉庫でのモノの流れとほぼ同じと考えていいでしょう。どこにモノが保管されているか（**ロケーション管理**）、どれくらいの数量が在庫としてあるか、使用期限はどうかといった一般的に保管で必要となる管理が行われます。したがって、資材倉庫での業務は通常の倉庫と同じように考えることができます。

　それに対し、工程内在庫保管は一般の倉庫管理とは異なります。倉庫といった格納設備がなく、現場に置かれていたり、棚やロッカーなど一時的な保管場所が定義されているだけだったりします。数量管理は、使った分だけ把握する使用実績管理、残った分だけ管理する残量管理などの簡易な方法で行われます。期限管理については、資材倉庫から工程に払い出された時点で使用期限は守られているはずなのですが、現場に長期滞留しているリスクもあるので、投入時に使用期限が守られるかどうか判断を行います。

　資材倉庫保管は**倉庫管理システム**（**WMS**：Warehouse Management System)で行います。工程内の在庫は**製造実行システム**（**MES**：Manufacturing

Execution System）という製造実行用の管理システムで在庫管理を行います。資材倉庫は工場内といいながら物流的なモノの管理が重要ですが、工程内在庫は工程管理としてのモノの管理になるため、管理を担うシステムが相違するのです。

　なお、WMSについては第4章で、MESについては第6章で詳しく説明します。

2-4 モノの流れから見た物流❸ 販売物流

モノをお客様に届けるまでに関わる物流領域

■ 製品・商品をお客様に届けるまでの物流

　販売に関わる物流を**販売物流**といいます。この領域が物流の中心領域です。製造業であれば製品を、流通業であれば商品をお客様に届けるまでの物流です。

　製造業であれば製品倉庫から、流通業であれば商品倉庫からモノの流れが始まります。「出荷指示」→「在庫引当」→「出庫指示」→「ピッキング」→「梱包」→「荷揃え」→「トラック引渡し」→「輸送」という流れになります。

　お客様に直接モノを届けるといった2拠点間でモノを届ける場合が「**輸送**」です。顧客に到着したら「**荷の引渡し**」となります。出荷時に引き渡された納品書をモノと一緒に手渡し、納品受領書をもらって帰ります。

　納品先が複数あり、モノを配って歩くような場合は「**配送**」といいます。納品先ごとに「荷の引渡し」を行い、出荷時に引き渡された納品書をモノと一緒に手渡し、納品受領書を回収します。

　「荷の引渡し」時に倉庫の奥に運んで、入庫作業まで輸配送担当者が代行することもあります。倉庫から先の店頭まで品出しを手伝うこともあります。こうした作業は曖昧な慣行のまま続けられており、輸配送作業者に負担をかけます。もし必要なら付帯作業として明確にし、お互いに契約によって仕事を行っていくべきでしょう。

■ 倉庫配置は目的に応じて階層化して役割を定義する

　販売物流領域では、川上から川下に向けてセンター倉庫、地域倉庫、デポ倉庫といった役割が分かれています。

センター倉庫は、工場の近くや物流の起点となる場所に設置されます。センター倉庫から各地域の統括倉庫となる地域倉庫にモノが出荷されます。

地域倉庫は、地域の核となる倉庫です。地域倉庫からお客様の近くのデポ倉庫にモノが輸送されます。

デポ倉庫は、お客様への短時間納入を可能にするためにお客様の近くに設置される倉庫です。

多くの中間業者が存在する日本の物流

製造業も流通業も、自社から最終消費者であるお客様までの間にさまざまな中間業者が存在しています。中間業者とは商社や卸売業者です。

物流がそれほど発達していなかった時代からの名残で、卸売業者も階層化していて、1次卸売業者、2次卸売業者と多階層の中間業者が存在します。

中間業者の役割は**帳合い**と**物流**です。帳合いとは、多種多様な小売業の売り先の勘定を集約する役割を持つものです。10社の零細な小売業と取引するよりも、小売りを束ねてくれて、ある程度の規模になっている中間業者と取引したほうが効率的だからです。

効率の点では物流も同様です。一般に規模の大きい製造業にとって、零細な小売業にまでモノを届けていてはコストが合いません。中間業者まで一括納入し、その先の細かな物流を中間業者に任せることで効率化を図っているのです。

しかし、競争が厳しくなった現代においては、零細で数の多い中間業者を介していては、かえってコストがかかり、最終製品の価格が高くなってしまいます。物流も煩雑で高コスト、低スピード、かつ硬直的になりがちです。

そのため、中間業者を中抜きして直送する製造業も増えています。発達した物流業者のサービスとITを駆使することで、販売物流領域の物流も変わり始めています。

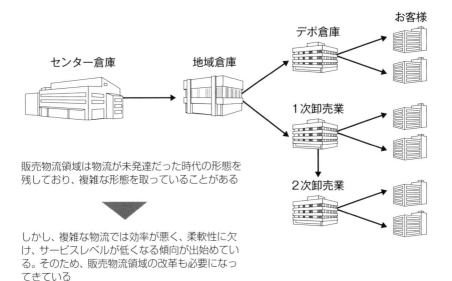

販売物流領域は物流が未発達だった時代の形態を
残しており、複雑な形態を取っていることがある

しかし、複雑な物流では効率が悪く、柔軟性に欠
け、サービスレベルが低くなる傾向が出始めてい
る。そのため、販売物流領域の改革も必要になっ
てきている

◆モノをお客様に届けるまでに関わる物流領域

モノの流れから見た物流 ❹
倉庫内物流と包装・流通加工
倉庫の中の作業レベルのモノの流れ

倉庫の役割は保管だけではない

　倉庫の役割は保管だけではありません。倉庫では、入荷・入庫、ピッキング、出庫・出荷といった**荷役作業**が行われています。倉庫内で保管場所を変えるロケーション替え、倉庫を移す移庫作業などもあります。こうしたモノを動かす荷役作業によって、倉庫内外をモノが移動していきます。

　出庫後の荷揃え、梱包、方面別や納入先の店別仕分け、伝票の打ち出し、荷や伝票の引渡しといったモノを運ぶ以外の付帯作業も関連します。物流としては倉庫の中の庫内物流もきちんと把握し、効率化しておかなければなりません。

　倉庫内の荷役は、短時間で大量の荷をさばかなければならないため、**自動化技術**が進展しています。自動倉庫の導入、ピッキングの自動化、搬送の自動化、仕分けの自動化を担う設備が導入されています。

　自動化されていなくとも、それなりの改善技術の導入はされています。効率的な動線、ロケーション管理、電子的にピッキングを支援するデジタルピッキング、各棚やコンベアから必要なモノを摘み取る「穂摘み方式」、小分け梱包に対してそれぞれ荷を投入する「種蒔き方式」の仕分け方法などです。

梱包の多様性と包装資材管理

　出荷のための庫内作業では、**梱包**も重要な機能です。梱包の目的は、モノの保護、荷の集約取りまとめ、荷の内容の表示添付などがあります。小さなモノであれば、バラ包装、内装梱包、外装梱包と梱包を厚くしていきます。途中の内装梱包は製商品名などが印刷された専用の箱、最後

の外装梱包は段ボールなどです。

外装梱包後の段ボールをパレットに積んで、さらにビニール梱包することもあります。輸出の際は輸出梱包をし、コンテナに積み込みます。

梱包に必要なさまざまな資材は倉庫業務の一環として、材料在庫管理を行います。包装材料などの材料発注を物流部門が行う場合もあります。

流通加工による物流上の製造行為

梱包と並んで物流上の付帯作業で大きな労働力の投入を伴うのが**流通加工**です。

流通加工とは、簡単にいうと出来上がった製品を売れるように加工したり、包装形態を特殊にしたりすることです。たとえば、通常は1本ずつ売っているドリンクを3本パックにする、おまけを添付する、化粧箱への入替えをする、などといったことです。

倉庫内作業ではありますが、こうした作業は製造行為に当たります。物流業務の一部に製造業務が入り込んだ形です。流通加工と呼ばれるのは、製品化後の流通過程で加工などの製造が行われてきたからです。古くは、中間業者や小売業が行っていた作業が、物流の作業に上流化されたため、今でも流通加工という言葉が使われています。

流通加工には、営業のキャンペーンや小売店の要望などに応じて、多種多様な形態があります。一過性の製造行為のため、加工や包装などに使う材料は依頼元から支給されるのが普通で、物流部門が独自に手配することはまれです。

◆倉庫内物流と包装・流通加工

モノの流れから見た物流 ❺
倉庫特性と輸送モードの相違
倉庫の特性や輸送モードによって変わるモノの流れ

通常の保管倉庫は保管し、出荷する

　倉庫の特性や輸送モードによってモノの流れに特徴が現れます。

　通常の倉庫は、入荷・入庫して、保管して、出庫・出荷するための倉庫です。冷蔵・冷凍倉庫も同様で、基本的に入荷・入庫して、保管して、出庫・出荷する機能で運用されます。

　通常の保管倉庫は、輸送や配送をするための保管倉庫で、**DC**（Distribution Center：**保管型倉庫**）と呼ばれます。

保管を目的としない通過型倉庫

　保管を目的としない通過型の倉庫もあります。**TC**（Transfer Center：**通過型倉庫**）と呼ばれます。TCでは、各方面から集まったモノを方面別に仕分けし直して出荷します。通常、在庫の保管はされず、「入荷」→「仕分け」→「出荷」という順番で短時間で流れていきます。

　TCの運用は難しく、出荷スケジュールに間に合うようにモノが各方面から集まらなければなりません。出荷タイミングを合わせ、必要なモノがそろっていなければならないため、高い管理レベルが要求されます。なお、入庫タイミングを同期化し、方面別に荷揃え出荷することを**クロスドック**といいます。

流通加工倉庫はニーズに合わせた作業を行う

　流通加工については既に触れましたが、流通加工を専門に行う倉庫もあります。流通加工はお客様のニーズに合わせて多様な加工を行いますが、ある程度の設備投資と人員確保を伴うため、継続的な受注が見込める流通加工があることが前提になります。それほど設備投資を必要とし

ないケースでは、単純な小分けピッキングや詰め合わせを人海戦術で行うような倉庫もあります。

　私が過去に関わった例では、卸売業者に製品を販売しているメーカーが、体力がなくなった卸売業者のために小分け包装をして小口の納入ができるようにした例があります。それまでは、段ボール梱包で大量納入していましたが、卸売業者が保管や在庫管理、小分けピッキングを行うことが難しくなり、その肩代わりを製造業者が行うべく、お客様の近くで小分け包装という流通加工を行う倉庫を設置したのです。

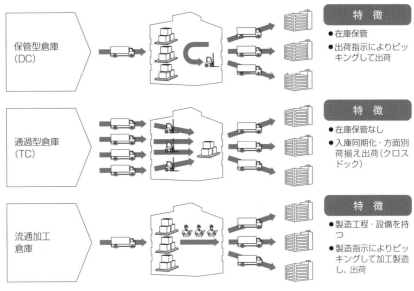

◆倉庫特性による違い

自社トラック、契約トラック、傭車トラックの違い

　倉庫だけでなく、トラック輸送にも特徴があります。自社保有のトラックドライバーであれば融通も利きますが、契約によってトラックを押さえている場合、契約と相違した依頼には、調整が必要になります。

　もし、自社トラックも契約トラックも間に合わないくらい運ばなけれ

ばならない荷物がある場合、一時的にトラックとドライバーを手配しなければなりません。これを**備車**といいます。

　輸送量から必要なトラックを割り出し、配車手配をするわけですが、自社と契約トラックで賄えていればさほどコストも膨らまないのに対し、備車となると単価の交渉もあり、コストが上がることもあります。

路線便とチャーター便の違い

　トラックには、**路線便**と**チャーター便**の違いもあります。路線便とは、一定区間を運行しているトラックで、各社の荷物を詰め合わせて輸送を担ってくれるトラックです。チャーター便は、1社専属で借り上げて、指定の納入場所に荷物を運んでくれるトラックです。

　チャーター便のほうがきめ細かく対応してくれますが、価格が高くなります。路線便は詰め合わせのため価格が安い反面、納入先は決まった場所で、時間も融通が利かない場合があります。路線便とチャーター便を使い分け最適な輸送を組み立てる必要があります。

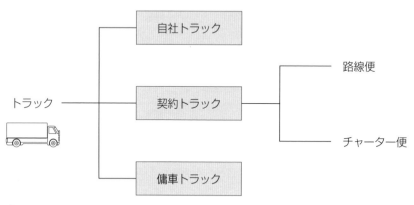

◆トラックの種類

2-7 モノの流れから見た物流❻ 返品物流と回収物流という静脈物流
返品や回収も物流であり、近年重視され始めている

静脈物流と呼ばれるリターン物流

　物流というと、お客様にどう届けるかが主な議論になります。サプライヤーや製造業から流通業、最終顧客へとサプライチェーンの川上から川下に向けたモノの流れを意識します。川上から川下に向けてのモノの流れを「**動脈物流**」ということもあります。

　「動脈物流」とは逆に、返品や回収といったサプライチェーンの川下から川上に向かって遡っていく物流を「**静脈物流**」と呼んだりします。誤った出荷だったり、品質に問題があって返品されたり、既に使われたあとの廃棄物を回収したりするため、「静脈」という比喩が使われているのでしょう。返品や回収といったリターンになる物流が「静脈物流」です。

返品物流は必須の業務

　返品は必ず発生します。誤出荷であれば、返品されたモノは一度回収して、品質検査のチェックを通して、再度販売可能かどうか判断します。再販売が可能であれば返品入庫し、在庫として計上し保管します。

　医薬品などの一部の製品は、一度でも出荷されたモノは品質管理上問題があるとされ、回収してもそのまま廃棄されます。したがって、入庫はされません。回収が面倒な場合は、回収せずに納入先で廃棄してもらいます。

　品質問題で返品されたモノは、品質検査の上、原因を特定します。その際、問題を生んだ原因工程の特定や問題となる原材料を特定するトレーサビリティを実施します。

回収物流はリサイクルの要

　使った製品を回収する物流も存在します。回収したモノを廃棄する場合もありますが、リサイクルして再び製品化して、出荷することもあります。リサイクル品として識別し、他の新品製品と同様に管理し、出荷します。

　回収されたモノの中で使われている部品が再生可能である場合は生成してリユースします。あるいは再生せずにそのまま使える部品もリユースします。

　リサイクルやリユースは環境問題や地球資源の浪費の抑制という時代の要請に応じて拡大してきています。

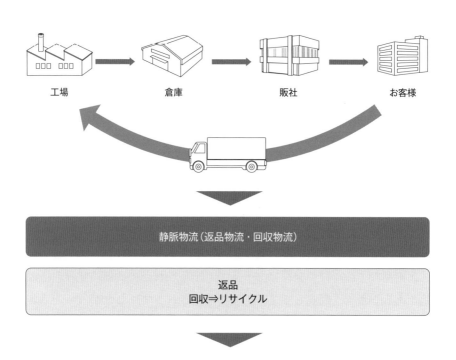

工場　　　　　　倉庫　　　　　　販社　　　　　　お客様

静脈物流（返品物流・回収物流）

返品
回収⇒リサイクル

時代の要請で、回収資材のリサイクルやリユースも拡大しつつある

◆返品物流と回収物流という静脈物流

リサイクルセンターという静脈物流のセンター倉庫化

リサイクルを推進すると、回収品を集め、リサイクルを専門的に行うセンター倉庫が出来上がってきます。たとえば、医療器資材や手術処置具などは、回収されて、滅菌、洗浄後に再びリサイクル品として出荷されます。従来病院で滅菌や洗浄をしていましたが、効率化とコストダウンの視点から、**リサイクルセンター**が設立され始めています。

定常的にリサイクルパーツを使うリサイクル工場への調達物流

同様に、プリンターのインクやコピー機のトナーなども再生し、再充填して製品化されます。リサイクル工場にとっては調達物流になりますが、難しいのは、回収品がどれくらい回収できたのかが前もってわからないことです。回収品の数量がわかってはじめてリサイクル工場が稼働するため、回収品の在庫管理をしながら、ある一定数量が貯まったら生産が開始されるわけです。

リサイクル工場を最大限稼働させるためには、常に潤沢な回収品が回収されなければなりません。店頭や企業からのきめ細かい回収物流を構築しなければならないため、手間とコストがかかりますし、集めてみないと回収品の数量が読めないため、物流のシステム化も難しいのです。

第 3 章

物流業務を機能で
読み解く

業務の流れから見た物流

物流の業務はモノを運び保管するだけではない

物流の機能はモノを管理することすべて

古い物流の教科書を読むと、「物流とは物的流通である」と書かれています。物流はモノの流通、つまりモノの動きを指し、輸配送と保管を行うことが主な物流機能と説明されています。

かつてはトラックでの輸配送、貨物列車や飛行機、船での輸送、ならびに倉庫の入出庫と保管が物流の対象となる業務と解釈されていました。この認識は、物流の管理対象領域を非常に狭く解釈しています。

この定義によれば、物流が担う輸配送は、「運べ」といわれた荷物を出荷場所から入荷場所まで運ぶだけですし、倉庫業務は、持ち込まれたモノを入庫、保管し、出庫指示があったモノを出庫するだけになります。最も目に付きやすい作業レベルの仕事だけが物流と定義されたわけです。

その結果、物流管理の機能は輸配送に関わる輸送手段の手配と運行管理、倉庫作業に関わる作業管理とロケーション管理とされてしまいました。物流は単なる作業とされてしまったのです。

このことは、あたかも生産の対象がモノの加工・組立てといった作業でしかないと定義したに等しいといえます。生産は加工・組立てといった作業だけで成り立つわけではありません。良い生産を成り立たせたいならば、良い生産計画と調達、生産の良否を判断するための指標や目標の管理が必要ですし、生産を成り立たせる業務全般を把握しなければなりません。作業レベルの認識では狭いのです。

同様に、物流も管理すべきは作業レベルの実行業務だけではなく、もっと広く、**物流を成り立たせる仕事全般を視野に入れないと良い物流とはならない**のです。作業レベルを超えた物流マネジメント業務を含めて、物流に関するすべての業務を視野に入れる必要があります。

物流とは何か、どのような業務機能を対象とすべきなのか？

　物流の業務機能はいくつかの階層で成り立っています。まず、物流の**実行業務**があります。これが、従来認識されていた作業レベルの物流業務で、倉庫管理業務や輸配送業務がこれに該当します。実行業務には、作業に対する作業指示も含まれます。

　良い物流を成り立たせるためには、良い実行指示を行うための関連する業務があります。在庫を適正に管理する在庫現品管理業務、適正なモノを出荷するための引当管理です。

　また、適正な指示を行うための**計画業務**があります。在庫数量を適正に保つための発注計算や輸送を正しく行うための輸配送計画業務があります。

　計画し、実行したら、実行状況のパフォーマンスを測定するチェック機能があります。輸配送の進捗状況を把握する物流トラッキングや、物流の結果の良し悪しを測定する物流パフォーマンス業務です。チェック業務にはモノの動きを記録し、問題が起きたときに迅速な対応を可能にするトレーサビリティも含まれます。物流という機能を成り立たせるためだけでも、このような広い業務機能が必要です。

　こうした業務に加えて、物流と連携するさまざまな業務との適正な連動が必要になります。たとえば、発注計算を行うにも、上位の生産計画や販売計画とうまくつながらずにいい加減な数字で発注計算してしまうと、欠品したり、在庫過多になったりして、物流の状況が悪化します。また、製品を輸出する場合、貿易業務と連携しなければ、予定通りの納期とコストで出荷ができなくなります。

　本書では主要機能となる物流機能に説明の焦点を当てますが、良い物流の仕組みを考えるために、物流管理機能と物流を取り巻く周辺機能との関連にも触れていきます。あわせて、物流システムと物流システムと連係する周辺システムにも触れていきます。

　良い物流を成り立たせるためには、業務とシステムの視点で、必要な物流の全体像と関連性を紐解いていかなければならないのです。

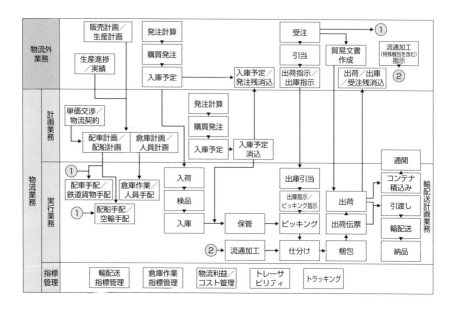

分　類		機　能
計画業務	倉庫管理業務	●単価交渉／物流契約
		●倉庫作業人員計画
		●発注計算
	輸配送管理業務	●単価交渉／物流契約
		●配車計画／配船計画
実行業務	倉庫管理業務	●倉庫作業人員手配
		●購買発注／入庫予定／入庫予定消込
		●入荷／検品／入庫／保管／流通加工
		●出庫指示／ピッキング指示／ピッキング
		●仕分け／梱包／出荷伝票／出荷
	輸配送管理業務	●配車手配／鉄道貨物手配
		●配船手配／空輸手配
		●引渡し／輸配送／納品
		●バンニング／通関
指標管理		●輸配送指標管理
		●倉庫作業指標管理
		●物流利益／コスト管理／物流ABC
		●トレーサビリティ／トラッキング

◆業務の流れから物流を見る

3-2 物流を構成する実行業務機能 ❶ 倉庫管理の概要

倉庫管理は倉庫設備でモノをきちんと管理すること

倉庫業務の主要な機能は保管機能と保管にまつわる付帯管理

　倉庫はモノを保管する場所です。モノを保管するといっても、倉庫の機能は単にモノを置いておく物置のようなものとは違います。モノを適切に管理し、指示に応じて素早く入出庫をしなければなりません。

　出庫を迅速に行うためには、探し回っていてはいけません。必ず倉庫の中の置き場所に**番地**を振ります。棚があれば、棚の1つひとつに、平置きであれば平置き場を区切って番地を振ります。その番地に、何が保管してあるのかを正確に把握します。保管場所を決めて、何が保管されているかをきちんと管理することを**ロケーション管理**といいます。

　決められたロケーションに確実にモノがある状態にすることを**現品管理**といいます。現品管理がいい加減だと、そのロケーションにモノを取りに行ったときにあるべきはずのモノがなかったり、誤ったモノが保管されていたりといったことが起こり、正確で迅速な出庫ができなくなり

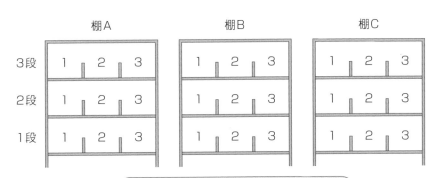

棚の1つひとつに番地を振って管理する

◆ロケーション管理とは？

ます。万が一にも誤ったモノを出荷してしまうと、お客様に迷惑をかけることにもなってしまいます。

これ以外に、保管機能にはさまざまな付帯管理があります。たとえば、**有効期限管理**です。食品、薬品、化学品などは時間が経つと劣化するので、使用期限を管理しなければなりません。保管されているモノが有効期限を過ぎてしまうと、たとえ在庫があっても出荷できなくなるため、有効期限管理は確実に行わなければなりません。

また、**ロット管理**や**シリアルナンバー管理**が必要なモノもあります。たとえば、工場でロットナンバーを振った製品があれば、保管されているモノのロットナンバーを管理します。通常、顧客は新しいものを好み、古いものは嫌がります。出荷したモノが、以前客先に出荷したモノより古かったりすると、クレームになって返品されることが普通です。古いロットナンバーのモノが出荷されないように、在庫を引き当てるときに前回と今回で古いロットが出荷されるロット逆転が起きないように、ロット管理は重要です。

シリアルナンバーは機械などに振られる"通し番号"です。高額な機械では1台ごとのシリアルナンバーを管理します。

ロットナンバーやシリアルナンバーを倉庫で管理することで、納品先に出荷されたロットナンバーやシリアルナンバーのモノが管理できるので、トレーサビリティが正確かつ迅速に行えるようになるのです。

┃倉庫における作業管理：入庫受入れ、出庫指示とピッキング

保管と並んで倉庫で重要な業務は一般に**荷役**と呼ばれる作業で、荷受け、入庫受入れ、出庫指示とピッキング、トラックなどへの引渡しといったモノの出し入れに関わる業務です。

モノの出し入れに関わる作業は指示に従って、正しく、効率的に行われる必要があります。入庫時は受入検査を行い、問題があるモノは受入れを拒否します。正しく受け入れるためには、入庫予定がないと入庫されたモノが正しいかどうか突き合わせることができませんから、入庫予定を事前に把握しておく必要があります。出庫は出庫指示に従って、正

しくピッキングがされるようにピッキングリストが出力されなければなりません。

こうした作業を正しく行うためには、業務とシステムがきちんとしていなければなりません。

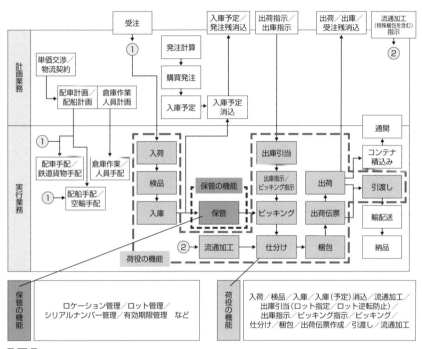

◆倉庫管理の流れと機能

梱包、流通加工といった付加価値機能と特殊な倉庫機能

倉庫では、保管と入出庫以外のより付加価値の高い業務を行うことがあります。たとえば特殊梱包作業もそうですし、物流での流通加工もそれに当たります。こうした作業を行うためには、**特殊梱包指示**や**加工指示**といった指示の仕組みが必要です。

また、保管機能を持たない通過型倉庫や預かり在庫を保管するVMI倉庫、預かり在庫を持って出荷量に合わせて請求を行うセンター倉庫など、さまざまな機能を持った倉庫があり、それぞれ独自に業務と管理が行われます。

3-3 物流を構成する実行業務機能❷ 輸配送管理の概要

運ぶ「手段」と運ぶ「こと」を管理する輸配送管理

輸送モードを検討し、運ぶ「手段」を最適化する

保管機能と並ぶ物流の代表的な機能は「**運ぶ**」ことです。運ぶ「手段」はたくさんあります。トラック、船、飛行機、鉄道貨物などが代表的でしょう。トラックでも、いつも同じ路線を運航する"路線便"を使うか、チャーターして輸送ルートや荷卸し先を指定できるチャーター便を選ぶか、自社で運ぶかといった選択もあります。

モノを運ぶ手段を選ぶ際は、どの手段が適切か検討します。目指すサービスレベルとコストや制約とのバランスで運ぶ手段を選択します。

たとえば、北海道から九州まですべてをトラックで運ぶと輸配送費が莫大になる場合、途中を鉄道貨物輸送や船舶輸送にすることを考えます。積み降ろしやスケジュール待ちで運ぶ時間（輸送リードタイム）が長くなるためサービスレベルは落ちますが、最速で運ばなければならないといった条件がない場合、コストとのバランスから輸送手段を選びます。

トラック、船、飛行機、鉄道貨物輸送といった輸送の手段を「**輸送モード**」といいます。輸送モードは輸送のリードタイム、輸送サイクル、きめ細かい対応の可否などの目指すサービスレベルとコストをバランスさせて選択します。国際物流では、航空機輸送か船舶輸送が主な輸送モードです。スピードを求めるなら、コストが高くても航空機輸送、コスト重視である程度時間がかかっても構わないのなら船舶輸送となるでしょう。

サービスを評価し、運ぶコストをコントロールする

選択した輸送モードで運んでくれる物流業者はたくさん存在するの

で、複数の物流業者のサービスの質とコストを比較して、パートナーとなる物流業者を選択します。はじめは標準の輸送料金（**標準タリフ**）が提示されますが、単価交渉をして価格を調整することでコスト削減を目指します。交渉の結果、合意が成立したら契約となり、正式な輸配送料金表（**自社向けタリフ**）が決まります。

　荷主と物流業者は毎年価格交渉をしています。人を採用する難易度が変動しますし、賃金も上下します。貨物の増減が発生し、運べる能力（キャパシティ）と運びたい貨物の量のバランスが崩れたり、原油やガソリン価格が高騰したりします。常に変動するコストを見極め、交渉するようにしましょう。

▌運ぶ「手段」を手配し、指示する

　輸送モードが決まって単価が決まれば、あとは業務として運ぶだけです。しかし、運ぶといっても、まずはどれだけの荷物があって、どれだけの輸送量に応じた輸送手段が必要かを検討します。通常は契約ベースで輸送量が決まっていますし、輸送量の変動が可能でも輸送能力に限りがあるので、できるだけ事前に計画に基づいて手配しなければなりません。いつでも好きなだけ運べるわけではないのです。

　トラック輸送であれば、運ぶ方面別に荷物の輸送量を計算し、必要なトラック台数に換算して手配します。これを**配車計画**といいます。配車計画はベテランの物流担当者の人力作業に依存していることも多く、輸配送管理システム（TMS：Transportation Management System）を導入するなどしてシステム化が望まれる領域です。なお、配車計画については133ページで詳しく解説します。

　また、直前にならないと輸送量がわからず、手配に苦労するケースも多くあります。事前に生産・入庫情報や購入・入庫情報と販売見込を物流部門に流して、手配が準備できるようにしなければなりません。このことは物流業務に関連する各部門との業務連携とシステム連係の課題になります。

　手配が済めば、**出荷指示**を行います。倉庫から出庫後、トラック別に

積込みが行われ、出荷伝票、納品書、納品受領書といった書類が出力され、トラックドライバーに渡されます。ドライバーは荷物を納品した際に荷物と納品書を納入先に渡し、納品受領書を受け取って戻ってきます。

多くの場合、出荷指示はシステム化されています。納品書などの伝票はシステムから印刷されます。しかし、システム連係があるとラクですが、手動で伝票システムに入力しなければならない企業もあります。

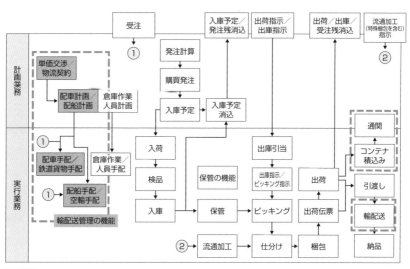

［▄▄▄▄］＝輸配送管理

◆輸配送管理の流れと機能

現品管理がどんどん厳しくなり詳細化してきている

3-2でも触れましたが、近年保管に対する管理要件が高度化し、保管されている現品の管理に関する要求が厳しくなってきています。有効期限管理やロット管理、シリアルナンバー管理は当然のこととなりつつあります。

さらに原材料や部品などの**原産国管理**が要求されてきます。原産国管理は、問題が起きたときの遡り（トレーサビリティのトレースバック）によって、問題があった原材料の輸入国を特定して、他の製品への影響がないかを調べます（トレースフォワード）。また、輸出先によっては、輸入禁止国の部品を使っていないかを識別する必要も生じています。鉛や水銀などの成分の規制も強化されています。

薬品や溶液などは有効成分が何％含まれているかといった有効成分濃度管理（"力価"管理といったりします）が必要ですし、同じ薬品や溶剤、触媒などでは、工程から回収した回収品とはじめて投入する新規投入品（"バージン品"といったりします）は識別しなければなりません。部品もリサイクル品と新品、製品やコンポーネント部品でも新品、リサイクル品は識別しなければなりません。

出庫指示や出荷指示をするにせよ、上記のようなきめ細かい現品管理の上で引当をしなければならないのです。こうした現品管理に関わる属性管理は、業務・システムともにきちんとしておかなければ、物流現場で人に依存した業務になり、負荷・緊張度が高くなり、ミスも発生しやすくなります。WMSを導入して、できるだけシステム化したいところです。

製品倉庫に残る慣習的な業務の影響とその対応

　倉庫での現品管理において、日本の営業的な慣習から面倒な管理を要求してくることがあります。いわゆる「**営業確保在庫**」とか「**顧客向け引当済出庫止め在庫**」などといわれるものです。

　営業は、顧客へのサービスを最大化して売上確保を狙います。売れ筋の商品で在庫の取り合いになっているような状況では、自分の顧客向けに在庫を確保して、確実に出荷ができるようにしたいと考えます。そうなると、業務では仕組み化もシステム化もされていない状況下で、営業個々あるいは顧客個々のための在庫の確保が必要になると、現場の台帳などで在庫を管理することになります。

　きちんと在庫管理がなされていないと、在庫があると思っていたら「確保」された商品だったために出荷できず、営業担当者間でトラブルになったり、出荷可能と回答したのに出荷できずに顧客とトラブルになったりします。こうしたことが起きないように、「確保」か「出荷可能」か、といった現品ステータス管理を人的に行わなければならず、非常に手間がかかります。

　また、長い間商品が確保されていると、その間在庫として滞留するので、会社としては損失になります。出荷していれば売上になったはずが、出荷できずに機会損失になることもあるでしょう。また、長く確保された商品が、結局不要となって「確保」からリリースされると、そのときには古い在庫になっていて売ることができないという陳腐化や劣化のリスクも生じます。

　ロット逆転を嫌う顧客に、「確保」でなくなった古いロットが出荷されれば、これもトラブルの基になります。こうしたトラブルが起きないように、ロット管理を行って古いロットが出荷できないシステムが必要になりますし、業務ルールとして**先入れ先出しの徹底**やロットが古くなりそうなときは**早期に「確保」をやめさせる社内規定の作成**が重要になってきます。これらの達成には、物流といいながら物流部門以外と連携する必要があるため、関係部署との連携が大切になります。

資材倉庫・原材料倉庫は受払いと入庫管理が重要

　現品管理をきちんとするには、モノの受払管理をきちんとする必要があります。資材倉庫や原材料倉庫では台帳でモノを管理している会社もあるでしょう。しかし、人的な対応ではミスも起きますから、システム化と業務ルールの徹底が必要です。

　また、資材の入庫管理をきちんと行う必要があります。計画通り、発注通りに入庫されたのか管理できないと、入庫予定残管理（発注残管理）ができず、在庫管理の精度が悪化します。現品受入時に入庫予定がわかっていて、受入れを行ったときに入庫予定を消し込み、同時に発注残が消し込まれるようにシステムが処理することで、入庫予定のない入荷の受入れを拒否することができます。入庫予定と発注残管理ができれば、予期せぬ在庫を受け入れ、いつの間にか在庫があったなどというトラブルもなくなります。

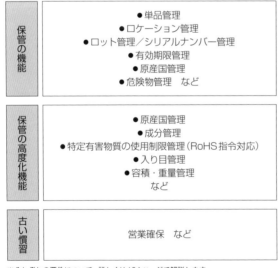

※それぞれの要件について、詳しくは104ページで解説します

◆保管業務への要求の高度化と古い慣習への対応

物流を構成する実行業務機能❹ 引当・出庫・出荷指示の概要

在庫を引き当てる機能は複数システムに分散している

どのモノを引き当てるかは重要な機能

通常、出庫指示や出荷指示の前に、出荷するモノを指定するために**在庫の引当**を行います。製品であれば、受注して製品在庫を引き当てます。通常の業務の流れは、受注→引当→出庫指示→出庫→出荷指示→出荷となります。出庫指示と出荷指示は同時の場合もあります。原材料であれば、生産計画に基づく出庫指示によって原材料在庫を引き当て、製造現場に払い出します（出庫）。

前述のように、現代ではモノの管理が詳細化されてきているので、引当対象の特定が重要になってきます。たとえば、ロットの古いものを出荷しないようにする**ロット逆転防止**は引当タイミングで古いロットを引き当てないようにしなければなりません。通常は先入れ先出しで処理できるのですが、出荷先によってたまたま先入れ先出しではなく最新ロットを出荷してしまい、次の受注で古いロット在庫があったりすると、この古いロットは引き当ててはいけないことになります。

ロット逆転を予防する先入れ先出しは顧客ごとにできるようにして、常に前回出荷したロットナンバーと比較して新しいロットナンバーのモノを引き当てるように引当ロジックを組み込みます。

引当する仕組みは複数あり、役割分担と連携を明らかにすべし

システム的な処理の役割分担が簡単なようで難しいのが引当です。なぜなら、通常在庫は複数のシステムで管理しているからです。

まず、現品を管理する**倉庫管理システム**（**WMS**：Warehouse Management System）があります。WMSがない場合は、倉庫には人手によって在庫を管理する必要があるため、在庫管理台帳を備えていると思います。

WMSとは別に、在庫の資産管理をする基幹システムがあります。基幹システムは受注処理を行い、引当処理を行う必要があるため、在庫の情報を持っています。基幹システムとしては、生産・販売・会計などを統合したパッケージシステムである**ERP**（Enterprise Resource Planning：統合業務パッケージ）が導入されていることが普通になりました。

　WMS、ERPの双方に在庫情報を持っている場合、引当の方法をどのように分担すべきか決める必要があります。たとえば、ERPで行う引当はロットナンバーを無視して資産を引き当てるだけ（総量引当）にして、WMS側でロット引当を行うという役割分担をすることも可能です。しかし、ERPで引当ができても、WMS側で最新ロットが引き当てられないなどの不具合が頻発するときには、ERPでもロット情報をもってロット引当をするという機能配置が必要になります。

　自動倉庫管理システムでも、在庫管理とロケーション管理をしている

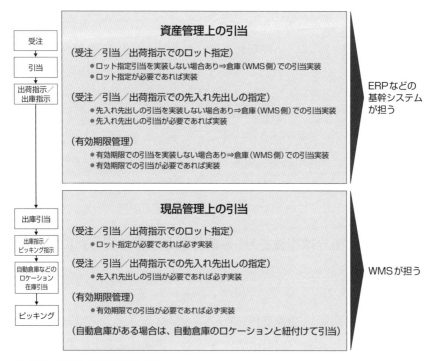

◆引当・出庫・出荷指示の概要

場合があります。在庫がERP、WMS、自動倉庫管理システムの3層構造を持っているため、さらに複雑な役割分担定義が必要です。

　特にERPが行う資産管理上の引当とWMSが行う現品管理上の引当は、相互に関連付けて決めるしかありません。資産管理上の引当と現品管理上の引当のそれぞれの役割分担のやり方は、前ページの図の通りです。

┃出庫指示と出荷指示の違い

　日本企業は、意外と曖昧に言葉を使います。しかし、システム化を前提に正確な業務設計を行うためには、言葉の定義は重要です。曖昧に使われがちな出庫指示と出荷指示はきちんと識別して使わなければなりません。

　出庫とは**倉庫に保管された状況から、倉庫外に移動（出庫）させること**をいいます。それに対し、出荷は**企業外に移動すること**で、出荷のあとは輸配送、顧客着荷が続いて起きます。出荷は、その後売上に結び付く企業間の取引のスタートです。

　このように定義すると、ERPは自社の外にモノを移動させる指示を行うという点で出荷指示であり、同時に庫内在庫を出庫させるという意味で出庫指示を担います。一方、WMSは出庫伝票またはピッキングリストを打ち出して出庫指示を出します。倉庫担当者は出庫指示、ピッキング指示を受けてトラックヤードにモノを出庫し、トラックにモノを受け渡すタイミングで出荷伝票を渡して出荷となります。

　出庫指示が出ても、出荷待ちだったり、出荷に紐付かない出庫指示があったりするので、出庫指示と出荷指示を分けて定義します。

物流を構成する計画業務機能❶ 発注計算・補充計算の概要

在庫管理を物流機能に含める場合に考慮すべき業務

物流業務が在庫の発注や補充を担う場合

　倉庫管理業務として在庫管理をしていく中で、倉庫で在庫の適正量を維持する業務が行われることがあります。この適正在庫を維持するための業務が**発注計算**、**補充計算**です。発注計算は補充すべき必要な在庫量を計算し、その後社外へ発注します。補充計算は、社内への転送指示や生産指示の基になる適正在庫補充数量を計算します。

　こうした計算業務は生産管理部や資材部門がERPを使って行うことが普通ですが、仕事の役割分担上物流部門が行うこともあります。

発注計算、補充計算の大まかな考え方

　発注計算も補充計算も、基本的な考え方は出庫や出荷に備えて、適正な在庫量を維持できるように、「必要なモノを、必要な場所に、必要なタイミングで、必要な量だけ」入庫されるように行う業務になります。

　大まかな考え方は、**計算のタイミング**と**計算の方法**で分けることです。タイミングは定期か不定期か、計算方法は定量発注か、都度必要量を計算し直す不定量発注かの違いです。タイミングと計算方法で、次の組み合わせが考えられます。

①定期・定量

　毎週金曜日とか、毎月月末といった決まったタイミングで、定期的に決まった量を定量発注・補充する方法です。たとえば、毎週金曜日に100個発注するといった具合です。

　この方法は、モノが定量的に使われて減っていき、定量発注しておけば在庫が維持されるという考え方です。現代では、モノの出荷や利用が

常に一定ということはありえないので、現実にはほとんど採用されることがない方法です。

②不定期・定量

　必要なタイミングで常に一定量発注・補充する方法です。ある一定の在庫数を切ったら、決まった量を発注・補充することです。たとえば、在庫10個を切ったら、30個発注するといった具合です。この方法を「**発注点方式**」といいます。発注点を数量として管理せずに、箱やパレットに入っている量がなくなったら同じ箱やパレット1杯分を発注するといった「**ダブルビン法**」などがあります。

　発注点方式やダブルビン法は簡易な方法で、比較的安価なモノやさほど調達が難しくないモノを発注・補充する際に使われます。

③定期・不定量

　毎週1回や毎月1回といったタイミングを決めて、そのタイミングで必要な数量を計算することをいいます。一般的にはこの方法が最も多く使われており、計画的な毎回決まったタイミングで適正数量を計算して、周期的に発注・補充していきます。

　たいていの仕事はスケジュールに従って行われますし、生産現場への生産指示や納入先への発注といった仕事はスケジュールが決まっていることが多いので、この方法が一般的です。

　定期的に注意して、計画的に発注・補充がされるため、重要なモノの発注・補充はこの方法が使われることが多くなっています。

④不定期・不定量

　不定期に、不定量を発注・補充する方法もあります。たとえば、取り決めた最低在庫数を切ったら、最大在庫まで復活できるように再計算する方法です。

　具体的には、最低在庫量100を切って、80になったタイミングで最大在庫200になるように120発注するといったことです。これを「**Min-Max**

法」と呼んだりします。仮に100を切って70になったら130発注します。発注点方式に似ていますが、発注量が変動する点が異なります。

梱包材などの材料在庫管理と発注計算

　物流が重要なモノの発注・補充を担うことはケースバイケースですが、物流現場で使う梱包材や物流副資材の在庫管理と発注・補充計算を行い、在庫を適正に保つ仕事は、物流が担うことが普通です。

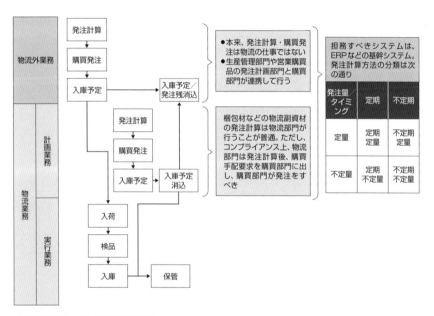

◆**発注計算・補充計算の概要**

3-7 物流を構成する計画業務機能❷ 輸配送計画の概要

計画的に物流を手配することでパフォーマンスを上げる

▍トラックの必要台数を計算し、事前手配する配車計画

　輸配送を行うに際し、必要十分なトラックの台数が必要となります。必要十分という理由は、手配したトラックが多すぎると積載効率が悪いままでの運行となりムダになりますし、トラックが足りなければモノが運べなくなります。

　特に近年はトラックドライバーが需要に対して不足しており、各社で取り合いになっています。必要十分なトラックを手配するためにも、きちんとした配車計画が必要です。

　トラックの所要台数は出荷貨物の数量から換算します。出荷ケース数から必要台数を積算したり、出荷トン数などから換算したりします。クレーンが必要か、重量物が運べるか、冷凍・冷蔵車が必要か、といった特殊な要件も考慮し、必要なトラック台数を計算します。

　既に年間の計画でトラック手配台数が決まっているにもかかわらず需要が急増すると、定常的に用意されているトラックでは足りなくなります。このときは都度契約のトラックを探して採用します。これを**傭車**もしくは**チャーター便**といいます。突発的に起きることがある通常スケジュールや通常ルートではない輸配送の場合も、同様に傭車をします。

　配車計画はほとんどシステム化されておらず、職人的な勘と経験で人的に処理されています。

▍トラックを満載にするための「3次元の板取り計算」

　トラック台数を計算しても、貨物がさまざまな形状をしていると、思ったほど荷台にうまく入らないことがあります。隙間だらけではせっかくの空間がムダになり、輸送効率が悪くなります。

輸送効率をアップさせるために、可能な限りトラックの荷台の積載効率を向上させます。荷姿が統一されていて詰め込みやすい場合は、それほど検討しなくても満載にできますが、荷姿がバラつくときには、事前に十分に検討しないと積載効率を上げることができません。

トラックの荷台に上手にモノを詰め込むためには、3次元の荷台の箱型に3次元の貨物の箱の詰込み方を検討しなければなりません。板からさまざまな形状の板を上手に取り出すための計算を「板取り」といいますが、それを3次元に応用した「**3次元の板取り**」を実施します。2次元の板のムダを極限まで減らすように、3次元の空間のムダを極限まで減らすべく積込みのシミュレーションを行い、最適な解を見つけます。3次元の板取り計算（3次元の詰込計算）はコンテナの詰込問題でも使われれます。

3次元の板取り計算をシステム化するのはなかなか難しく、職人的な勘と経験で属人的に行われることが普通です。

船や飛行機の「腹」を押さえる

トラックの輸配送能力を確保するように、船や飛行機の「**腹**」を押さえる計画も行います。トラックの配車は毎日のことで業務が煩雑ですが、船は輸送サイクルが決まっている場合が多く、落ち着いて計画することができます。飛行機は定常出荷と緊急出荷で緊急度が変わります。

飛行機を使って緊急輸送をする際は、コンテナが満載できなくとも送らざるを得ない場合があります。この場合は、非常に高価な物流になってしまいますので、緊急出荷が起きないように適切な在庫管理を行うことが重要です。

日本ではほとんど使われない最適ルート計算

積載効率を上げることとあわせて、運行の効率を上げるためには、最短、最低コストで輸送できるルートを選びます。欧米では、最適ルート計算をするシステムが導入されていたりしますが、こうした最適ルート計算システムは日本ではほとんど採用されていません。

　日本は国土が狭く、道路が複雑で、都市部に幹線道路が入り込んだり、不定期に工事をしていたりするため、渋滞や迂回が不定期に発生します。カーナビで都度ルートを確認したほうが効率的だからでしょう。

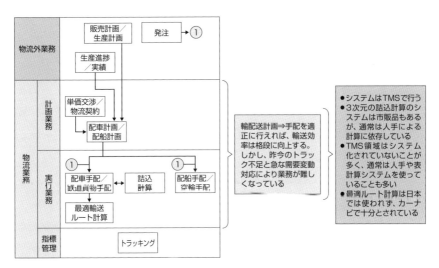

◆輸配送計画の概要

物流を構成する機能 ❶
物流トラッキングの概要

荷物の輸配送進捗の可視化は一般的なサービスになってきた

在庫管理のミッシングリンクを埋める物流トラッキング

物流トラッキングというのは、貨物が「今・どこ」にあるかを追い掛けて可視化することです。たとえば、出荷待ち、トラックで輸送中、海貨倉庫で通関中、どの船に乗ってどの港にいるか、といった出荷の状況が可視化されています。

多くの企業では、出荷後は自社のシステムから在庫情報が消えてしまい、貨物がどこにあるのかトラッキングできないのが今でも一般的です。たとえば、客先で緊急に荷物が必要になっても、トラックが今どこを走っていて、何時くらいに到着するかがわからないといったことが普通でした。また、海外の子会社に貨物を輸送している途中で、貨物がいつ着くのかわからなくなり、不必要な緊急空輸をしたり、到着遅延による欠品や売り逃しが怖いので過剰に在庫を持ったりと、輸送ステータスのトラッキングができないとさまざまなムダを生み出します。

荷主企業にとっては、このように社外に出てしまった貨物の在庫が管理できなくなるため、物流の途上に積送中になっている在庫管理が不十分になっていました。この在庫が不可視になった「在庫のミッシングリンク」が可視化できれば、在庫管理の精度が上がり、効率的な業務が営めるようになるのです。

トラッキングができれば効率的な荷受けができる

また、物流トラッキングができると、荷受けのタイミングがわかるため、先読みした荷受準備をして、効率的な荷受けができるようになります。入荷予定が不明確だと、ムダな入荷待ちが発生したり、急な入荷で人手が取られたり、ムリ・ムラ・ムダのある業務になってしまうのです。

物流のステータスがわかり、着荷タイミングが正確にわかれば、適切なタイミングで、適正な人員を周到に準備して荷受けができるようになります。

物流トラッキングは荷受けをする企業だけでなく、物流企業にとっても効率化に貢献します。着荷タイミングがわかるようにしておけば、受取側が事前に入荷準備をしてくれているので、荷受け待ちや再配達が減らせるからです。特に最近の宅配では貨物量の増加とドライバー不足から配送が逼迫しており、不在による再配達が大きな負担になっています。ビジネスの世界だけでなく、こうした最終消費者への配送まで物流トラッキングは効率化の道具になっているのです。

┃トラッキングの成立には複数企業のデータ連係が不可欠

宅配のように一企業内で物流が完結する場合は、システムも統一されているため、物流トラッキングの仕組みは作りやすいものです。しかし、物流が複数企業間をまたがる場合は大変です。企業ごとにシステムも違いますし、コードもデータフォーマットも違います。異なるシステム間で、異なる業務ルールで運用されている異なるデータを関連付けて管理できなければならないからです。

たとえば、社内では出荷伝票で認識される納品先や出荷品目について、どのトラックにその荷物が積まれたのかといったことをシステム上で追い掛けなければなりません。物流会社のどのトラックナンバーにどの荷物が積まれ、そのトラックがどこを通っているかを紐付けて管理することになります。積替えがあるともっと大変です。荷主の社内システムと物流会社のトラックの動きや荷渡しを連係させなければならないからです。

複数企業間のトラッキングは海外輸送となるともっと複雑になります。出荷した品目がどのコンテナに入っているのか、そのコンテナはどの船に乗っているのか、物流指示としては一括だったものが船の都合で分割されて複数の船にコンテナが載っていないか、といったデータを連係させなければなりません。

受注ナンバーと出荷ナンバーとを紐付けた上で、コンテナナンバーや船を特定しなければなりません。企業間のシステム連係が必要ですが、第三者的にデータ連係基盤を提供する企業も存在しています。

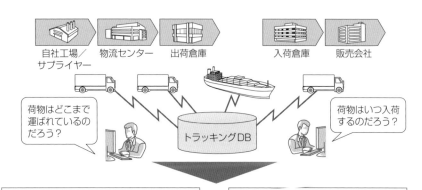

◆物流トラッキングの概要

3-9 物流を構成する機能❷ 物流パフォーマンス管理の概要

物流パフォーマンス管理は企業が測定する意思を持たないとできない

物流分野での財務的な指標と指標を測定するための課題

物流は企業活動のひとつです。当然、コストや利益、キャッシュフローに影響を与える活動です。物流を財務的に測定すべきですが、意外とできていない企業が多いものです。

24ページでも説明したように、財務的な物流指標の代表は**対売上高物流費**です。これをさらに細かくして**対売上高輸配送費**と**対売上高倉庫費**に分解します。売上高との関連で見るので販売物流に関わる指標です。

海外各国に子会社があり、各国への輸送、各国内での輸配送がある場合は、各国の対売上高物流費ならびに対売上高国内輸配送費（国内輸配送：**アウトバウンド輸配送費**）、輸入に関わる対売上高輸送費（輸入輸送費・諸掛や通関、倉庫までの輸送費：**インバウンド輸送費**）、対売上高倉庫費に分解して可視化します。

こうして集約した指標の下には、輸配送費、倉庫運営費、倉庫人件費、倉庫保険料、倉庫水道光熱費などの物流に関係した費用を集計します。

費用に関わる科目の集計だけでなく、在庫も監視します。在庫は売上との関係で増減しますから、在庫の絶対数量を測定するだけでは不十分です。売上との関係がわかる**在庫月数**または**在庫回転数**を指標にします。

物流財務指標は測定されている場合もありますが、指標を正確に集計するのは意外と困難です。そもそも物流費が物流費として計上されていないことがあるからです。たとえば、営業サービスの対象として販売費に計上されていると、物流費として認識できません。手集計で何とか探し出して把握したり、あきらめて不正確な物流費として指標化したりしている企業がとても多いのです。

83

販売物流と対をなす費用が**調達物流費**です。原材料や仕入商品の調達に伴う物流費を把握して管理する指標です。調達物流費は、より一層把握・集計が困難です。調達に関わる物流費が仕入費用に一括で入っていて、物流費を分離して認識できないことが多いからです。仕入先のサービスや戦略により、値引きの原資として物流費が使われてしまい、物流費がいくらかかっているのか見えなくなっているのです。

　仕入れの見積もりを取る段階から物流費と調達品目の仕入費を分離しなければ、調達物流に関わる指標はなかなかうまく取れないでしょう。

輸配送のパフォーマンスを測定する積載効率と運行効率

　財務指標と並行して業務のパフォーマンスを測定する作業指標も管理します。輸配送に関わる指標が**積載効率**と**運行効率**です。

　積載効率はコンテナや貨物室が有効に使われていることを管理する指標で、この値が100%に近いほど満載に近くなるという評価です。

　運行効率はトラックの1運行当たりの貨物の積載量で、1回の運行でたくさん運べたほうが効率が良いことになります。

倉庫稼働率と倉庫作業品質指標

　倉庫は満杯であるほど効率的に活用されていることになります。倉庫単独の指標ではそれでいいのですが、滞留して動かない在庫が残っているだけでも倉庫は満杯になります。有効在庫と不良在庫の比率を可視化して、本当に有効に使われている倉庫のキャパシティはどれほどなのかを把握しなければ、倉庫が有効に埋まっているのか、あるいはムダに滞留している不良倉庫をずっと保管していて、有効に使われていないのかがわかりません。

　作業品質も測定します。誤出荷率、汚損・破損率、誤配送率などの作業実績を収集・記録して作業の精度や品質も向上させます。

物流の指標は必ず活動指標と財務指標の両方を管理すべし

　物流に関わる作業指標の測定は必須ですが、あわせて物流に関わる財

務指標も管理しなければなりません。作業の改善ができても、財務に影響がなければ意味がないからです。作業改善したことが財務を確実に向上させていることを把握できるようにしないと、ムダな改善、改善のための改善で終わってしまいます。

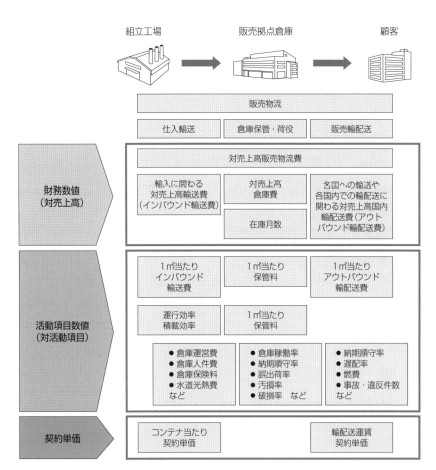

◆物流パフォーマンス管理の概要

物流を構成するチェック業務機能
トレーサビリティの概要

品質問題が起きたときに必須の機能

トレーサビリティの運用には物流が重要な役割を担う

品質問題が起きると、問題の原因となるトラブルを起こしたのが流通の過程なのか、物流の過程なのか、製造の過程なのか、原材料なのか常に遡って究明されます。

同時に、即時出荷停止や販売停止を行い、あわせて製品を回収します。原因が特定できていて、出荷先や販売先を把握して問題の影響範囲が把握できれば、地域や販売店を特定して、被害の及ぶ範囲に適切に手を打つことができます。しかし、原因の特定と影響範囲の特定ができなかったり、特定するまでに時間がかかったりすると、顧客に大きな迷惑をかけ、経営上大打撃となります。

原因究明に時間がかかり、ビジネス活動を長期にわたってやめなければ対策ができないようでは、信用が大きく傷付けられ、企業業績への悪影響が避けられません。こうした事態を避け、短期間に原因特定と影響範囲特定を行い、迅速な対策を打てるようにする機能が**トレーサビリティ**です。

問題が起きたときに原因を遡るトレースバック

問題が起きた際、物流過程、さらに先の製造経過、原材料を遡っていくことを**トレースバック**といいます。輸送、出荷、製造工程、原材料を遡っていって、問題のある部分と担当者を特定します。

キーとなるのは伝票ナンバーの流れと伝票の中にあるロットナンバー、またはシリアルナンバーです。トレースバックによって、問題のあった過程と問題のあるロットナンバー、またはシリアルナンバーを特定します。

問題の影響範囲を特定するトレースフォワード

次に、問題があったロットナンバー製品がどの市場、どの店舗、どの顧客にまで届いているかを探索します。影響範囲を特定して、使用停止や回収告知を行うためです。このような影響範囲まで下って探索することを**トレースフォワード**といいます。なお、機械などにシリアルナンバーが振られているときには、機械を一意に特定することができるため、トレースフォワードは必要ありません。

トレーサビリティは、問題を起こした物流過程、製造過程の特定だけでは不十分です。他のロットナンバーへの影響範囲を特定しなければなりませんし、トレースバックと市場に向けてどこまで運ばれて、どの範囲まで告知や回収、リコールをしなければならないかを特定するトレースフォワードの組み合わせが必要です。

トレーサビリティの実現は、製造者責任を果たすためにも、その後の被害や賠償などを最小にするためにも必要な管理です。

トレーサビリティは物流だけではできない

トレーサビリティは消費者や購入者の保護のために必須です。迅速な対応ができないと企業収益に大きな打撃が生じます。問題が発覚するのは、たいていは消費者に届いたあと、もしくは流通過程です。消費者や流通過程に問題がなければ、物流過程か製造過程、原材料の問題です。

物流業者や企業の物流部門それぞれで輸配送や保管について、きちんと遡って管理できるのが大前提です。問題となった品物の出荷先、物流の実態、倉庫保管場所と保管実態は、ロットナンバーを追ってモノがどう渡っていったのかをきちんと物流上で把握していれば、容易に遡ることができます。

しかし、製造プロセスにまで遡るのが難しい場合があります。製造過程での製造ロットナンバーが物流にシステム的に連動せず、物流と製造で別管理になっている場合です。

そうなると、物流部門で入庫する度に、別途管理する必要があります。

このときには物流で付番したナンバーと製造のロットナンバーを紐付ける管理台帳を、紙や表計算で作らなければなりません。一度問題が起きると、台帳をひっくり返して、人力でトレースバックやトレースフォワードを行う必要があります。しかし、これでは大変です。こうしたことにならないためにも、物流と製造で連携できる仕組みの構築が不可欠です。

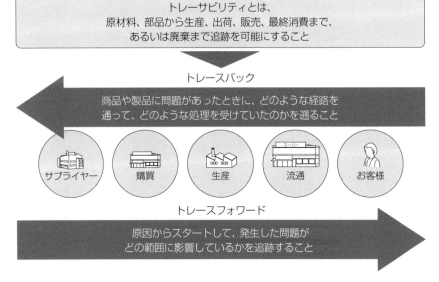

◆トレーサビリティの概要

物流を中心とした システム関連図

物流システムは物流業務と周辺業務の関連を明確にする

物流システムの核は倉庫管理システム（WMS）

在庫管理を行うシステムは管理の細かさによってシステムを使い分けます。主に資産上の在庫管理を行うのが基幹システム、詳細なロットナンバーや入庫日などを細かく管理するのが**倉庫管理システム**（**WMS**）になります。

ロットナンバーのデータの源流が基幹システムの場合は、WMSにロットナンバーを引き継ぎ、基幹システムでのロットナンバー指定の引当や出庫指示をロットナンバー込みでWMSに連係します。

基幹システム：ERPとの連係

基幹システムと呼ばれるシステムは、会社の取引や内部処理を記録するシステムです。販売や物流、会計などに機能特化した基幹システムもありますが、最近では機能統合した統合管理システムとして**ERP**が導入されることも一般化しました。

基幹システムには、受注、与信管理、在庫管理、引当、出荷指示、売上計上、売掛債権管理などの機能があります。基幹システムで受注し、在庫を引き当てて、出荷指示を出し、WMSに連係して倉庫にある現品に対する出庫指示につながっていくのです。

基幹システムとWMSの連係頻度は高く、密接になるので、システム構築時は業務設計とシステム機能の定義、各システムへの機能配置は丁寧に行う必要があります。

適切なトラック確保と輸送スケジュールを決める

物流量に合わせて必要な輸送キャパシティを検討し、トラックの必要

台数を割り出す仕組みが配車システムです。用意されたトラックにルートを割り当て、荷を割り当てます。さらに最適なルートを選んで輸送ルート最適化まで行います。

欧米ではこうしたシステムは**輸配送管理システム（TMS）**と呼ばれています。日本では国土も狭く、ルートが複雑なのでTMSは導入されにくい配車システムでした。そのため、長年の経験から職人的に配車し、ルートはドライバーの経験とカーナビによるナビゲートで最適なルート選択が行われてきました。

昨今のトラックドライバー不足もあり、事前の緻密な物流計画への要求が高まってきています。しかし、日本の交通事情などを考えると、TMSの導入は大きなトレンドにはならないでしょう。

┃バーコード、RFID、IoTなどはあくまで道具でしかない

物流の入出庫管理、受渡しの連動管理を支援する道具として、**バーコード**や**RFID**（Radio Frequency Identifier）があります。バーコードやRFIDに関わる機器はWMSとの連係により処理を効率化してくれます。

RFIDが登場したときには、物流管理にバラ色の未来が開けるように宣伝されましたが、所詮はただのモノの動きを把握するだけの道具です。効率化はできても、劇的にビジネスが変わるわけではありません。RFIDを使って、その背後にある仕組みが変わるのであれば影響もあるでしょう。しかし、それは物流の話ではなく、ビジネスモデルの話ですから、変な幻想を抱かず、淡々と道具として導入を検討すべきです。

同様のことはIoTにもいえます。道具はあくまでも手段です。手段でビジネスは変容しません。まずはビジネスにおいて達していない目標・目的から考えて、IoTが道具として有効かどうかを検討した上で、導入可否を判断すべきです。道具を変えればビジネスが変わるといった逆立ちした考え方はやめなければなりません。IoTは、ビジネスをどう変えたいのか、仕事をどう変えたいのかを考えて導入を検討すべきなのです。

物流システムは物流業務と周辺業務の関連を明確にする

　物流システムの核はWMSです。機能分担をして綿密な連係を考えなければならない相手のシステムがERPです。在庫管理と引当の役割分担があるからです。ロットナンバーの引継ぎと受注と出荷との紐付きも管理しなければなりません。トレーサビリティを実現するには、ERPとWMSとのデータ連係が必須です。

　海外輸出がある場合は、貿易システムとの連係も考慮します。貿易業務での書類で物流と連係する場合のデータ受渡しなどの整理が必要です。

拡張現実、ロボットピッキング、ドローン、自動運転が進展

　IoTだけでなく、近年では技術革新が一気呵成に進んでいます。紙のピッキングリストをやめて、画面指示によるピッキングやピッキングすべき棚にランプを付けてピッキングを促すデジタルピッキングは一般化しました。両手を自由にするために音声指示によるピッキングも実用化され、導入され始めています。

　今後はさらに進んで、**拡張現実**（**AR**：Augmented Reality）により、ヘッドマウントディスプレイに指示が表示されるなどの方法でもっと正確で、スピーディーなピッキングが実現するでしょう。

　日本は、今後さらに人手不足になっていきます。自動倉庫、自動搬送車などの技術は普及していますが、ピッキングはまだまだ人手を介しています。製造現場へのロボット導入のノウハウを活かして、ピッキングへのロボット導入も進み始めました。この動きは、今後もっと進んでいくでしょう。

　倉庫業務のデジタル化や自動化だけでなく、輸配送の自動化も実験段階にきています。ドローンでの輸配送、自動運転の技術革新は着々と進んでいますので、今後、こうした輸配送のIoT化や自動化も実現していくでしょう。

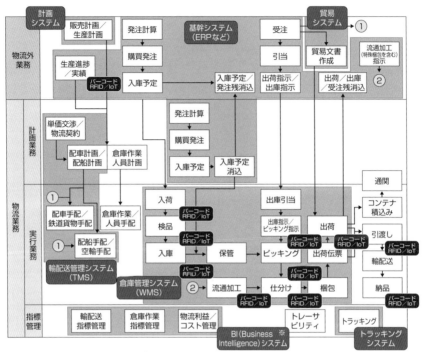

※BIシステムとは、さまざまな管理指標を「見える化」するシステムのこと

◆物流に関連するシステムの機能配置

第 **4** 章

倉庫管理業務と
倉庫管理システム

倉庫管理業務の概要

物流管理の中心業務

倉庫管理の重要な機能①入出庫管理

　物流管理の中心となるのは、倉庫管理と輸配送管理の2点です。その中でも**倉庫管理**は最も重要な機能です。

　倉庫管理を構成する機能としては、**入出庫管理**と**保管管理**が挙げられます。入出庫管理は、業務としては荷役と呼ばれる作業になります。入出庫管理は入庫業務と出庫業務になり、**入庫管理**と**出庫管理**という2つの機能があります。それぞれ次のような管理を行います。

入庫管理

- **入庫予定取得** ……… 倉庫にいつ、何が、どれくらい入荷されるかの予定を基幹システム（ERP）から取得します。

- **入荷** ……… 納入された荷物を受け取ります。荷受けともいいます。入荷時に納品書と納品受領書を受け取ります。受入後、納品受領書を納入業者に戻します。

- **検品** ……… 入荷された荷物が、正しいモノで、正しい数量で、外観上問題がないかを確認します。納品書通りかを確認しますが、同時に入庫予定通りかも確認します。品質検査が必要な場合は、入荷はしたものの検査待ちとなり、検査合格後、入庫となります。

- **入庫** ……… 検品により合格した荷物はここではじめて入庫処理が行われます。不合格品は入庫されずに返品されます。

- **入庫予定消込** ……… 入庫されたら、入庫予定を消し込みます。分納の場合は、入庫予定の一部を消し込み、入庫予定残として残管理を行います。入庫予定の消込は基幹システム（ERP）まで戻され、発注残が消し込まれ、管理に反映されます。

出庫管理

- **受注・出荷指示取得** ……… いつ、何を、どれくらい、誰に、どこに出荷するかの指示を基幹システム（ERP）から取得します。
- **引当** ……… 在庫を引き当てます。指示がなければ先入れ先出し、ロット指定やシリアルナンバー指定があれば指定されたロットやシリアルナンバーを引き当てます。基幹システム側でロット引当やシリアルナンバー引当があれば、その結果を受けて倉庫管理システム（WMS）側で現品管理上のロットナンバーやシリアルナンバーを引き当てます。
- **出庫指示** ……… 引き当てられたモノの出庫指示をかけます。
- **ピッキング指示** ……… 出庫指示に基づき、ピッキング指示をかけます。
- **梱包指示** ……… 出荷指示に指定された梱包形態の梱包指示をかけます。
- **仕分け** ……… 顧客別、納品先別、方面別などの納品、輸配送の条件に合わせた仕分け（荷揃え）の指示をかけます。
- **伝票印刷** ……… 輸配送担当者に引き渡す出荷伝票を印刷します。
- **出荷、荷の引渡し** ……… 荷物と伝票を引き渡し、出荷します。
- **出荷指示残・受注残消込** ……… 出荷実績から出荷指示残や受注残を消し込みます。出荷残は残管理を行います。出荷指示残や受注残の消込データは基幹システム（ERP）まで戻され、残管理に反映されます。
- **納品受領書取得** ……… 納品受領書を受け取ります。納品受領書は輸配送業者への支払指示や買掛債務管理へとつながります。

┃倉庫管理の重要な機能②保管管理

入庫処理が行われれば、**保管管理**となります。保管管理は、ロケーションの管理と保管されている在庫のステータス管理が中心になります。

保管管理では、次のような管理を行います。

- **ロケーション管理** ……… 保管されたモノのロケーションを特定します。

- **入庫日管理** ……… 保管されたモノの入庫日を管理します。
- **ロット管理** ……… 保管されたモノのロットナンバーを管理します。
- **有効期限管理** ……… 保管されたモノの有効期限を管理します。
- **その他のステータス管理** ……… さまざまな在庫の状態（ステータス）を
  管理します（4-3参照）。

倉庫管理の重要な機能③その他の付帯する重要な管理

　倉庫管理に付帯するその他の重要な管理として、**返品**と**棚卸**があります。

　返品は、返品時の受入れ、保管、出荷可能在庫管理、廃棄を行います。

　棚卸は、保管されている現品在庫の棚卸を行います。

荷役業務	入庫管理	●入庫予定取得 ●入荷 ●検品	●入庫 ●入庫予定消込
	出庫管理	●受注・出荷指示取得 ●引当 ●出庫指示 ●ピッキング指示 ●梱包指示	●仕分け ●伝票印刷 ●出荷、荷の引渡し ●出荷指示残・受注残消込
保管業務		●ロケーション管理 ●入庫日管理 ●ロット管理	●有効期限管理 ●その他ステータス管理
付帯的な業務		●返品 ●棚卸	

◆倉庫管理業務の内容

4-2 入庫予定を取得し、入荷、検品、入庫、入庫予定消込を行う

発注入庫予定や生産入庫予定から入庫予定消込までを行う業務・システム連係

入庫予定は基幹システムから取得する

基幹システム（ERP）側で発注をしたり、生産計画が登録されたりすると**入庫予定データ**が作成されます。この入庫予定データをWMS側に取得し、WMS側での入庫時の消込対象の情報とします。WMSがなければ、入荷時に検品に使ったり、入庫時の入庫予定残管理ができたりするように表計算ソフトに転送し、印刷できるようにします。

バーコードシステムがある場合、WMS側からバーコード端末に入庫予定データを転送します。

入荷されたら、紙の入庫予定と納入されたモノを突き合わせます。バーコードで入荷処理する場合は、納入受入時にバーコードをスキャンし、入荷受付をします。

入庫予定データによる入庫の事前準備を行う

入庫予定データからスムーズに入庫できるように事前準備をします。入庫可能なロケーションの空き、入荷・入庫作業者の人員配置計画を行います。ロケーションに空きがない場合は、事前にロケーション移動や移庫を行い、入庫スペースを空けておきます。

入庫可能ロケーションの空き状況はWMSで確認し、ロケーション移動や移庫が必要な場合は、出庫指示と入庫指示を行い、ピッキングをしてロケーション移動や移庫を行います。

入荷後検品し、入庫すべきかどうか判断する

入荷受付をしただけでは、本来受け入れたことにはなりません。入荷後、**検品**をします。入庫予定にない場合は受入れを中止します。慣習的

に受入れルールが曖昧な場合、サプライヤーが勝手に先行納入をすることがありますが、本来は入荷時に受入れ拒否をするべきです。

　入荷時に外観検査をし、NGの場合には受入れを拒否します。入荷数量に入庫予定との差異があれば調査します。少ない場合は分納か、過少入荷かを確認し、受け入れるかどうかを判断します。過剰の場合も同様です。実務上は社内ルールで決まっているので毎回判断することはなく、慣習的に入荷受入れをするか、拒否するかが決まってきます。

　バーコードシステムがあれば、誤入荷チェックや数量過不足チェックは簡単です。紙でチェックする場合は、作業が正確であることが求められます。

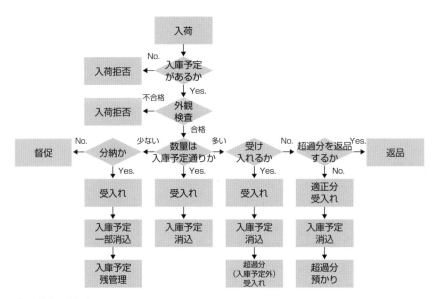

◆受入れロジックのフロー

　また、入荷時に品質検査を行って合格品だけ受け入れるような場合は、入荷後の品質検査の結果を待って受け入れます。不合格の場合は受入れを拒否し、返品します。入庫予定をそのまま残して基幹システム側の発注残も残すか、発注キャンセルにするかルールに従って処理し

ます。

　品質検査に時間がかかる場合などは、先行してサンプル入荷をしてもらいます。サンプル品の検査が合格であれば、WMSやバーコード端末の入荷受入れを可としておき、スムーズに受入れを行います。検査が不合格であれば、入荷受入れを拒否するようにします。

　合格し、入荷受入れをしたら入荷検品ラベルを出力し、荷物に添付します。

＜通常（先行サンプル入荷がない）の場合＞　　　　**＜先行サンプル入荷がある場合＞**

```
＜通常（先行サンプル入荷がない）の場合＞

            入荷
             │ No.
  入荷拒否 ←─ 入庫予定
            があるか
             │ Yes.
     不合格   │
  入荷拒否 ←─ 外観
            検査
             │ 合格
     不合格   │
  入荷拒否 ←─ 品質
            検査
             │ 合格
            数量は
          入庫予定通りか
             │ Yes.
           受入れ
             │
           入庫予定
            消込
```

```
＜先行サンプル入荷がある場合＞

             先行
          サンプル入荷
     不合格   │
  入荷拒否 ←─ 品質
            検査
             │ 合格
            入荷
             │ No.
  入荷拒否 ←─ 入庫予定
            があるか
             │ Yes.
     不合格   │
  入荷拒否 ←─ 外観
            検査
             │ 合格
            数量は
          入庫予定通りか
             │ Yes.
           受入れ
             │
           入庫予定
            消込
```

◆品質検査を伴う場合の受入れロジックのフロー

入庫処理、入庫予定消込、入庫予定残・発注残管理

　入荷受入れをした荷物は、入庫ロケーションに移動し、入庫します。

　棚やロケーションが決まっている固定ロケーションの場合、**入庫指示書**を出力するか、**ハンディターミナル（HT）に入庫場所を提示**させます。入庫する棚やロケーションに入庫するときに、棚番などの**入庫場所と入庫検品ラベルをスキャン**して入庫受入れをします。

　フリーロケーションの場合は、作業者が荷物を移動し、入庫ロケーションを決めたときに、入庫ロケーションと入庫検品ラベルをスキャンして入庫受入れをします。

　入庫したら、入庫予定を消し込み、基幹システムに**入庫データ**を送信します。基幹システム側は入庫予定残を消し込み、発注残管理を行います。

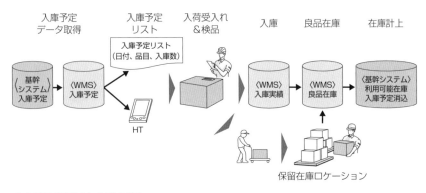

◆**入庫が予定された際の流れ**

4-3 保管機能❶ロケーション管理と在庫ステータス管理

保管機能はロケーション管理が基本だが在庫のステータスも管理する

ロケーション管理は必須機能

固定ロケーションでも、フリーロケーションでも、在庫が保管されている場合は、**ロケーション管理**を行います。ロケーション管理とは、どこに、何が、どれくらい保管されているかを瞬時にわかるようにしておくことです。

また、ピッキングをする際にあちこちに取りに行かないで済むように、同じものはできるだけ近接したロケーションに保管するようにします。

ロケーション管理の基本は、**保管場所に番地を振ること**です。また、**ゾーニング**を行い、類似した品目群を集めたゾーンを作ります。こうすることで、入庫時も、出庫・ピッキング時も、短い動線で効率的に荷役が行えるようになります。

保管ロケーションが満杯になり、仕方なく保管場所ではない場所にモノが置かれていることがありますが、できるだけこのような事態が起きないように、在庫の整理や移庫を行うようにしておきます。

保管場所から常にモノがあふれるようであれば、倉庫を増築したり、借庫したりするなどして、入庫できる保管場所を作っておくべきです。こうしたことを事前に行わないと、現品管理がいい加減になって、どこに何があるのかわからなくなります。探す工数が増えるだけでなく、ムダな在庫滞留を引き起こし、企業に損失を与えることになります。

保管中の在庫ステータス管理も必須

保管は、ただ単に保管場所に保管しておけば良いというわけではありません。保管している現品の**ステータス**を管理します。

在庫ステータスには、**良品**、**保留品**、**返品**、**不良品**、**廃棄品**などのステータスがあります。それぞれの詳細は、次の通りです。

• 良品

検査合格品などの良品です。良品は引当可能在庫です。WMSで良品ステータスを割り付けます。

• 保留品

検査待ちなどで引当不可の状況のステータスです。入荷後検査が長引いていて保留状態であったり、返品後検査中で再出荷可能かどうか合否の判定待ちの場合であったりして、引当出荷してはいけない状態のモノです。検査に合格すれば、良品にステータス替えを行います。

WMSで保留品ステータスを割り付け、検査結果に応じて良品または不良品、廃棄品に振り替えます。

有効期限切れ在庫も保留となります。有効期限は社内ルールで決まりがあり、絶対に有効期限を順守しなければならないものと、再検査による期限延長ができるものがあります。期限延長不可品は廃棄品となります。期限延長ができるモノは良品に振り替えられます。

• 返品

保留品の中で返品されたモノを返品ステータスにすることもあります。

• 不良品

検査の結果不良品と判定された品目に不良品ステータスを割り付けます。不良品は、仕入品の場合は返品します。自社製造品で再生可能の場合は工場に返品し、再生を行います。再生不可能な不良品は廃棄品に振り替えます。

不良品も不良の程度があり、外装箱のへこみ程度の軽度なモノは、B級品として引当・出荷可能とし、販売することもあります。その際は、良品ステータスに振り替えますが、良品ステータスにさらに細かくA

品、Ｂ品といった詳細ステータスが必要になります。

● 廃棄品

再生が不可能な不良品は廃棄品ステータスとなります。廃棄品は、基幹システム側で在庫廃棄、在庫処分費の承認がされてから廃棄指示が出され、その後出庫し、廃棄が実行されます。

一般的な在庫ステータス	●良品 ●保留品 ●返品 ●不良品 ●廃棄品	●基本的な在庫ステータスで、WMSで管理する ●基幹システムには、次のステータスで連係する 　▶利用可能在庫＝引当・出荷可能在庫：良品 　▶利用不可能在庫＝引当・出荷不可：保留品、返品、不良品 　▶在庫から引き落とし：廃棄品

◆一般的な在庫ステータス

保管に際しては、上記のようなステータスごとに保管場所が分かれている場合もあります。要修理品置き場、不良品置き場、廃棄品置き場などが決まっていれば、ステータスに合った保管場所に移動させます。

平置きや自動倉庫棚でフリーロケーション管理が行われている場合、平置きや棚に保管されているモノのステータス替えだけでステータス変更を行い、ロケーション移動をしない場合もあります。

4-4 保管機能❷入庫日管理、有効期限管理などの詳細ステータス管理

在庫管理の管理項目はどんどん細かくなってきている

ステータス管理は時代の要請に合わせて高度化している

　保管されている在庫のステータス管理の要件は年々高度化しています。従来は単純な出荷可否が判定できる一般的なステータス管理程度だったので、ほとんどのWMSには標準実装されています。

　しかし、高度なステータス要求に対し、すべての要件を標準化できるわけではありません。管理しなければならない要件であれば、WMSをカスタマイズするなり、外付けで追加開発するなりして、必要なステータス管理を行えるようにしなければなりません。

　WMSに機能が追加できないときには、表計算や紙の台帳管理となるため管理が二重化し、オペレーションの都度、作業者の判断や手作業が発生し、工数増大、処理のリードタイムの長期化、ミスの誘発を招きます。こうしたことを防ぐためにも、できればシステム化したいものです。

詳細化するステータス管理とWMSでの対応

　近年、次のようなステータスとして管理すべき新たな要件や特殊な要件が次々と生まれています。

● 入庫日管理

　入庫日の管理を行います。先入れ先出しなどの引当ルール時に入庫日ステータスを利用する場合があります。

　また、入庫日ステータスを管理できれば、現在の日付からの保管期間が算出できます。保管期間が計算できれば、滞留在庫や不動在庫の管理・抽出が可能になり、陳腐化在庫や廃棄予備軍在庫が発見しやすくなります。

● 有効期限管理

　有効期限管理は食品や薬品、化学品など、使用期限を決めて管理する品目のステータス管理に使われます。期限内は使用可能在庫として引当可能対象になります。

　期限切れや危険期間到来（期限切れの数日から数週間前など、使用期限が迫っているというアラートを上げるための期間が到来した）ステータス品は引当対象になりません。利用可能な在庫ではないので基幹システム側の利用可能在庫も減少させ、補充や発注を促すようなデータ連係を行います。

　期限切れや危険期間到来アラートを上げることができれば、品目によっては検査により期限延長できるものもあります。合格品で期限延長が承認されればWMS上の期限を延長します。

● ロット管理

　入庫に際してロットナンバーを採番して管理します。ロットナンバーは物流独自の採番ルールを持っても構いません。

　もし、自社が製造業であれば、工場で採番したロットナンバーをそのまま使うことが普通で、生産管理システムにロットナンバーを持たせます。倉庫入庫時に生産管理システム側で持っているロットナンバーがWMS側に引き継がれます。

　引き継がれない場合は、生産管理システムのロットナンバーとWMSのロットナンバーが連係して管理できるように台帳を作るなど、手作業での管理をしなければなりません。また、他社からの仕入品に関しては、サプライヤーが採番したロットナンバーをそのまま使うことが多くあります。

　ロットナンバーは引当にも使われます。ロット逆転が起きないように、または先入れ先出しで引当できるように、WMSでの引当時に考慮できるようにします。ロット引当を基幹システムで行う場合もありますが、WMSと基幹システムのどちらでロット引当を行うべきかは、次節で詳しく説明します。

ロットナンバーが保持され、出荷時にどの顧客にどのロットナンバーが出荷されたかが記録されれば、トレースができるようになります。

生産管理システムと連係せず、製造ロットナンバーが取得できない場合、紙の台帳や表計算ソフトを使って、物流独自のロットナンバーを採番して管理することがあります。システム化されていないときに、現場の工夫・方便として使う方法です。

このままでは精度に問題がありますし、トレースするのにも莫大な工数がかかり、対応が後手に回ります。WMSを中心に生産管理システムやサプライヤーのロット管理と連動してシステム化すべき領域でしょう。

● シリアルナンバー管理

ロットナンバーが、同一製品が大量に在庫されるときに採番されるナンバーだったのに対し、シリアルナンバーは重機や建機、製造装置などの大型機器に1台ごとに採番されるナンバーで、連番管理ともいえます。在庫の保管時にシリアルナンバーを保持し、出荷時にどの顧客にどのシリアルナンバーの製品が出荷されたのかを記録します。シリアルナンバーはアフターセールスの保守や修理のタイミングで必要になる情報でもあります。

● 原産国管理

購入部品や原材料の原産国管理の要求も高まっています。有害物質管理を部品ベースで行う際に、原産国によっては基準を満たさない国があるため、その部品を排除するためです。

また、国によっては特定国で製造された製品、部品、原材料を輸入禁止にしているところもあります。誤って輸入禁止国の部品や原材料を使わないようにするためにも原産国管理が必要です。

原産国管理は、問題発生時の原材料まで遡ってトレースバックを行う上でも重要です。輸入した原産国に問題があるとわかれば、その原産国からの輸入を中止したり、既に購入した原材料を廃棄したりできるからです。

● 成分管理

　化学薬品などでは、成分濃度などの成分管理が必要になります。同じ1ℓでも、必要な成分が3%と4%では、含まれている有効成分量が変わります。

　有効成分が変われば、投入に必要な所要量も変わるため、出庫指示をかける際に出庫すべき数量を有効成分濃度（これを力価といいます）に合わせて計算し直さなければならないのです。

● 入り目管理

　入り目は成分管理と似ています。入り目は、包装形態ごとにどれくらい正確にモノが入っているかを管理するものです。たとえば袋（風袋）に25キロと書いてあっても、実際は24.5キロと軽かったり、反対に26キロと重かったりすることがあります。標準重量は25キロでも、必要に応じて入庫時に正しい重量を計量することで保持します。標準と実際の差異が「**入り目差異**」と呼ばれます。

　入り目差異が大きいと、標準で使用していても実際に投入された原材料の量に差異が出てきますから、あまりにも大きな差異が出ると投入調整をしなければならず、その差異を把握するために入り目差異を管理しておく場合もあります。

　もちろん、毎回計量して使うやり方もありますから、手間を考えて入り目差異までWMSで管理すべきかどうかは業務要件としてよく検討する必要があります。

● 容積・重量管理

　保管されているモノの容積や重量を管理することも普通になってきました。梱包の荷姿を検討する際や、トラックやコンテナに詰め込むときの3次元の板取り計算（3次元の詰込計算）をする際に容積や荷姿は重要な情報です。

　また、輸送価格を検討する際に、容積や重量の情報が必要になります。

• 該非判定

該非判定とは、輸出許可を受けた品目か、受けていない品目かを識別することです。保管されているモノが輸出許可を受けていない場合、出荷し、輸出することができません。該非判定情報を台帳で管理していて、いちいち引当時に人的に管理していては出荷に時間がかかるので、該非判定もシステムでチェックできるようにすべきです。

• 特定有害物質管理（RoHS対応）

鉛やカドミウムといった特定の有害物質の輸入を禁ずる国も多くあります。保管されているモノにこうした有害物質が含まれていないかどうかを管理するために、有害物質管理をすべきです。

RoHSとは、電子・電気機器における特定有害物質の使用制限についての指令で、RoHS指令とも呼ばれます。同様の規定がいくつかありますので、該当する有害物質規制は対応して管理できるようにしたいものです。

• 特定顧客向け

特定顧客向けに在庫管理をする必要がある場合に、保管時にステータスを振って管理する場合があります。これは、特定顧客以外の引当を禁止するためのステータス管理です。基幹システム側で行う場合もあります。

• 営業確保

営業担当者が特定顧客向けに在庫を確保し、その営業担当者以外は引当不可にする際に使われるステータスです。特定顧客向け確保も、営業担当者の営業確保も、同じような目的で使われます。

各営業担当者がそれぞれ在庫を押さえているため、在庫があるのに出荷できないことがあります。このとき、他の営業担当者が確保した在庫があって、それを自分の顧客が欲しがっている場合には、営業担当者同士で確保在庫の「貸し借り」を行う場合があります。その際は、営業担

当者同士で交渉してステータス替えを行い、その在庫が欲しい営業担当者にステータスを振り替えて出荷可能にします。

在庫滞留や販売機会ロス、貸し借りでのムダな調整工数がかかるため、こうした確保をシステム化すべきどうかは議論が分かれるところです。

● **出庫留め**

販売が終了した商品や販売停止品、または新製品で一斉販売向けの積み増し在庫など、企業の意思により引当を不可としている在庫ステータスです。

ステータスの基幹システムへの連係

WMSで管理する在庫のステータスをすべて基幹システムと連係することは困難です。基幹システム、特にERPは業務の実行指示をかけることと原価計算や資産管理などの会計を担うため、現品管理上の細かいステータスが管理できませんし、機能分担上、そこまで詳細なステータス管理をさせるべきではありません。

基幹システムとWMSとの機能分担は厳密に行い、ムダな開発や妙なダブり、不整合は構想段階や要件定義段階で排除し、整理しておかなければなりません。

| 高度化する
在庫ステータス | ●入庫日管理
●有効期限管理
●ロット管理
●シリアルナンバー管理
●原産国管理
●成分管理
●入り目管理
●容積・重量管理
●該非判定
●特定有害物質管理
●特定顧客向け
●営業確保
●出庫留め | ⇒ | 基本的にWMS側でステータス管理を行う。業務上、基幹システム（ERP）でも同等のステータス管理が必要な場合は基幹システム側に連係する。その際、WMSと同等のステータスを持たせるか、利用可能／不可能在庫といったステータスに変換するかは、業務に照らして検討する |

◆**詳細化する在庫ステータス**

基幹システムで行う受注・出荷、引当指示とその取得

基幹システム（ERP）側で受注したあと、引当をして出荷指示を出します。出荷指示データをWMS側に取得し、WMS側での出荷指示登録、引当、出庫指示を生成します。出庫指示は、ピッキング指示になっていきます。

基幹システムの引当は基本的に**利用可能在庫の有無を確認**し、引当を行います。基幹システムは細かい在庫ステータス情報を持つようにできていませんから、基本的な利用可能在庫を確認し、引き当てる程度の役割と割り切ります。

仮に、基幹システム側でロット指定や期限管理などの詳細なステータスを管理したい場合は、特にERPなどは追加開発の規模が大きくなるので、本当に基幹システムにそこまでの管理が必要か十分検討すべきです。

また、WMSで必要なデータがそもそも基幹システム側にない場合もあるので、WMSを導入する際も、データ連係やマスター連係には十分な注意を払う必要があります。

基幹システムで引当をする際、利用可能在庫以外の在庫ステータスを気にせず引き当てることを「**総量引当**」といいます。それに対して、WMS側で在庫ステータスを考慮して引き当てることを「**実引当**」といいます。在庫ステータスごとに細かく定義したい場合は、たとえば「ロット引当」や「シリアルナンバー引当」というように、「実引当」の引当内容を詳細にする場合もあります。

在庫ステータス管理の種類により引当方法が異なる場合があります。以下で詳しく説明します。

WMS側で行う引当は在庫ステータスを加味して行う

　基幹システムから出荷指示を取得したら、保管されている在庫の引当を行います。在庫ステータスごとに、次のような引当の考え方で行います。

● 良品ステータスの引当

　基幹システムに対しても利用可能在庫として同期されているので、基幹システムの出荷指示に基づき引当を行います。

● 保留品の引当

　保留品は基幹システム上の利用可能在庫ではないため、引当がされませんから、WMSでも引当対象ではありません。

● 不良品の引当

　不良品は基幹システム上の利用可能在庫ではないため、引当がされませんから、WMSでも引当対象ではありません。

● 廃棄品の引当

　廃棄品は基幹システム上の利用可能在庫ではないため、引当がされませんから、WMSでも引当対象ではありません。

● 入庫日管理の引当

　基幹システムでは入庫日指定引当などはしませんが、先入れ先出しはルールとして持っている場合があります。その際は、基幹システム側に入庫日情報を渡し、先入れ先出しでの出荷指示を取得し、WMSでも先入れ先出しで引当をします。

● 有効期限管理の引当

　有効期限管理の期限が切れた品や危険期間到来ステータス品は利用可能在庫ではないため、基幹システムでもWMSでも引当対象になりませ

ん。期限内在庫は利用可能在庫なので、基幹システムでもWMSでも利用可能在庫として引当をします。

• ロット管理の引当

ロット逆転が起きないようにロット管理を行って引当を行うべきですが、基幹システムにまでロット管理をさせるかどうかは検討が必要です。

基幹システム側は総量で利用可能在庫を引き当て、ロット引当はWMS側で行うほうがシンプルです。その際、ロット逆転が起きないようにWMS側で管理するようにします。

まれに、基幹システム側で引当ができたにもかかわらず、ロットを考慮するとWMS側で引当ができない場合があります。そのときは、引当不可情報を基幹システム側に返し、営業業務としてお客様と調整し、古いロットを出荷していいか、最新ロットの入荷を待って出荷すべきかを調整します。

• シリアルナンバー管理、原産国管理、成分管理、入り目管理の引当

それぞれロット管理の引当と同様のやり方で行います。

• 容積・重量管理の引当

引当時には考慮しません。

• 該非判定の引当

該非判定情報は基幹システムにも持たせます。基幹システム側では輸出許可品だけを引き当て、出荷指示をWMSに流します。

• 特定有害物質（RoHS対応）の引当

該非判定の引当と同様のやり方で行います。

• 特定顧客向けの引当

特定顧客向けのステータスは基幹システムにも持たせます。基幹シス

テム側では特定受注に対して特定顧客向けの在庫だけを引き当て、出荷指示をWMSに流します。

　基幹システムがERPである場合、特定顧客向けのステータスを在庫ステータスではなく、保管場所などで分類することがあります。保管場所で設定した場合は、マスター管理やシステム処理のカスタマイズ設定、追加開発が必要なケースがあり、機能が複雑になります。できれば業務的にやめることが望ましいのですが、商習慣上やめられない場合にはERPではなく、WMSで処理できるように検討します。WMSに追加開発したほうが安価で保守しやすい場合があるからです。

● 営業確保の引当
　特定顧客向けの引当と同様のやり方で行います。

出庫伝票とピッキングリストに連係

　引当をしたら、出庫指示を生成し、出庫伝票とピッキングリストに連係します。出庫後、出荷され、WMSから基幹システムに出荷実績が送信され、受注残消込が行われます。

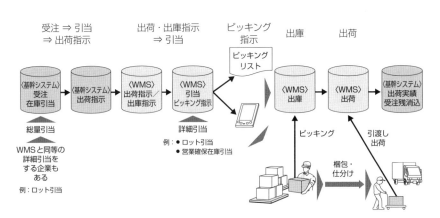

◆基幹システムとWMSで行う出庫・出荷の流れ

出庫機能❷ピッキング指示、梱包指示、仕分け、伝票印刷

ピッキング指示に基づき実際にモノを動かす仕事

ピッキング方法の種類とピッキングリスト

　出庫指示に基づいて**ピッキング指示**を行います。ピッキングの方式によりピッキング作業も変わってきます。

　ピッキング方法には、主に次のような方法があります。人が行うピッキングは①から③、自動倉庫が行うピッキングが④、TCなどの入庫⇒仕分けを一気にソーターで行う方法が⑤です。

①シングルピッキング

　シングルピッキングは、出庫指示伝票1枚ごとにピッキング指示を行う方法です。ピッカーはピッキングリストをもって、リストに合わせてピッキングします。

　出庫指示伝票1枚単位とは、出荷先・納品先別のピッキングリストが出るということです。1つの出荷先・納品先に、出荷するモノを保管されたロケーションに行って1品ずつピッキングします。ピッキングリストのバーコードをHTに読み込ませて、棚などのロケーションにある品目ラベルのバーコードを読んで突き合わせ、ミスを防ぎます。ピッキング時に数量を入力し、ピッキングにより棚から出庫されたことが記録されます。

　HTにピッキング指示が転送されて表示されていれば、紙のピッキングリストを持たずにバーコードリーダー処理だけでピッキングができます。

　シングルピッキングは1つひとつの品目を積んでいくので、「**摘み取り式**」もしくは「**穂摘み方式**」などと呼ばれます。

②トータルピッキング

トータルピッキングは、複数の出荷指示伝票をまとめて、合計数をピッキングする指示を出す方法です。たとえば、A社向け品目X10個、B社向け品目X20個であれば、ピッキングリストは品目X30個となっています。

トータルで30個ピッキングしたら、次に出庫伝票ごとに仕分けします。A社向けのオリコンや通い箱に出庫指示の品目X10個、B社向けには品目X20個を投入します。この投入が種蒔きのように見えるので、「**種蒔き方式**」などと呼ばれることもあります。

トータルピッキングのピッキング時は、シングルピッキングと同様にピッキングリストやバーコードリーダー端末を使ってミスを防いでピッキングし、出庫処理をします。仕分け時にも投入する度にモノに貼られた品目ラベルを読んで、投入先のオリコンや通い箱に貼られた出荷ラベルを読んで突き合わせることができるようにし、仕分けミス（＝種蒔きミス）を事前に防止できるようにします。

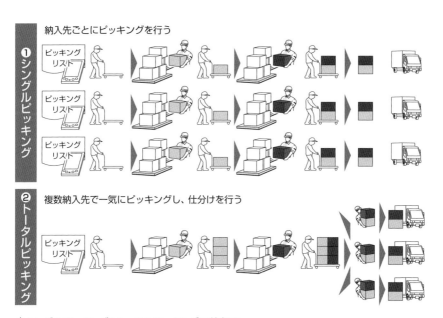

◆シングルピッキングとトータルピッキングの仕組み

仕分け時にチェックできない場合は、別途検品作業でミスがないかをチェックします。

③マルチピッキング

マルチピッキングは、複数の出庫伝票（＝出荷先）を同時にピッキングし、そのまま出庫伝票（＝出荷先）ごとのオリコンや通い箱などに投入（＝種蒔き）していくことです。非常に効率的な方法で、ピッキングと同時に仕分けを行うので、1回のピッキングで複数の出庫処理ができます。

ただし、ミスが起きないようにバーコード化するなど、ポカ除けの仕掛けをしておく必要があります。

④自動倉庫による自動ピッキング（＝出庫指示）

ピッキングを人にやらせず、自動倉庫からの出庫＝ピッキングとする方法もあります。この場合、自動倉庫には1棚1出荷単位で保管されていることが前提です。

⑤ソーターによるピッキングと仕分け

トランスファーセンターのような通過型倉庫では人的ピッキングは行わず、荷をソーターに投入することで方面別にピッキングし、仕分けを機械的に行います。

梱包指示と伝票印刷、方面別仕分け

ピッキングが終わったら**梱包**をします。特にシステム的な梱包指示はないことが多く、基本的に決まった梱包包装形態に梱包して出荷可能にします。

出荷伝票をプリントアウトし、荷物に添付します。方面別のトラックに積み込むため、方面別に仕分けをします。コンテナ台車に積み込んだり、パレットに載せたりしてトラックに積み込みやすくしてトラックの到着を待ちます。

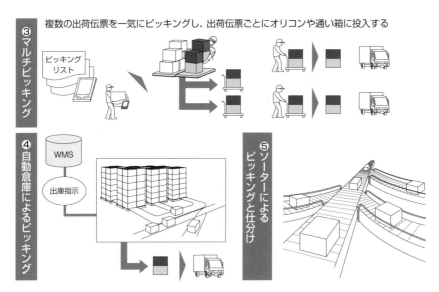

❸マルチピッキング

複数の出荷伝票を一気にピッキングし、出荷伝票ごとにオリコンや通い箱に投入する

ピッキングリスト

❹自動倉庫によるピッキング

WMS

出庫指示

❺ソーターによるピッキングと仕分け

◆マルチピッキングと自動倉庫によるピッキング、ソーターによるピッキングと仕分け

荷の引渡し、出荷指示残・受注残消込、納品受領書取得

　トラックが来たら荷を引き渡し、あわせて出荷伝票を手渡します。出荷が終われば、出荷実績をWMSで計上し、基幹システムにデータ連係して**出荷指示と受注残を消し込みます**。分納出荷した場合は、基幹システムで受注残管理をします。

　売上計上基準が出荷基準の場合は、売上計上と売掛債権管理を基幹システムで行います。

　トラックのドライバーがお客様納品時に受領した**納品受領書**は物流部門で回収し、物流費支払いのための証票とします。売上基準が納品基準の場合、納品受領書は営業部門または経理部門に送り、売上計上と売掛債権管理を行います。

特殊な業務❶
返品に関わる業務
お客様からの返品入庫と仕入先への返品出庫

自社が出荷したモノの返品入庫

　自社が販売した製商品が納品先から返品されてくることがあります。返品入庫の処理は、次のようなステップで行います。

STEP1：返品入庫予定データの取得

　返品の取り交わしが基幹システム側で行われ、返品伝票が登録されていれば、返品入庫予定データを基幹システム側からWMSに取得します。場合によっては返品入庫予定データがない場合もあります。

STEP2：返品入荷受入れと検品

　荷物が返品されてきたら、内容を確認します。返品入庫予定データを確認し、返品予定の荷物であればいったん受け入れます。もし、返品入庫予定のない荷物であれば、関連部門に連絡し、受入可否を判断します。受入可であれば、予定外入庫として受け入れます。

STEP3：返品ステータスでの一時保管

　受け入れた荷物は返品ラベルを添付し、返品ステータスで入庫します。返品用の一時保管場所があれば、移動して入庫します。この段階では引当対象の利用可能在庫ではないので、保留状態のステータスのひとつとなります。また、基幹システム側の返品入庫予定を消し込みます。

STEP4：良品計上、廃棄、不良返品出荷

　返品理由を確認し、返品理由が外装箱の汚損や破損程度で、中の製商品に問題がなければ、検品後良品ステータスに変更します。一度返品を

受けたので正価で売れない場合はB級品とします。

　品質問題などを起こした上での返品の場合は、品質管理、生産技術、生産管理、購買などの各部門で原因を調査します。自社に原因があって返品され販売不可となった製商品は廃棄されます。廃棄データは基幹システムに戻し、在庫を引き落とします。

　廃棄ではなくリサイクルやリユースが行われる場合は、リサイクル・リユース工程に出庫し、リサイクル作業、リユースを行います。

　返品の原因が商品のサプライヤーや部品・原材料のサプライヤーにある場合は、次項のように不良返品の出荷処理を行います。

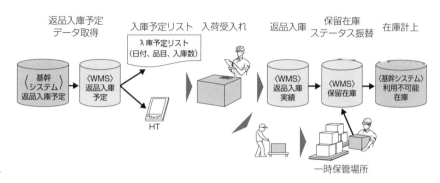

◆返品入庫の流れ

自社が購入したモノのサプライヤーへの返品出荷

　上記の納入先から返品されたモノの返品の原因がサプライヤーにある場合、返品出荷処理が行われます。既に原因が特定され、会社間での返品が合意されていることが前提で、次のようなステップになります。

STEP1：返品出荷指示データの取得

　サプライヤーに返品が決まっている場合は、基幹システム側に返品出荷指示伝票が登録され、出荷指示データが生成されます。WMS側で出荷指示データを取得し、出庫指示を行います。

STEP2：出荷・出庫指示、ピッキング、出荷

出荷・出荷指示後の出荷までの流れは通常出荷とほぼ同じです。ただし、納入先が出荷販売先ではなく仕入先になります。納入先として基幹システムにもWMSにもマスターとして登録しておく必要があります。

STEP3：出荷指示データの消込、発注取消し

通常出荷と同様に出荷後、出荷実績を基幹システムに戻し、出荷指示を消し込みます。同時に基幹システムの発注を取り消します。

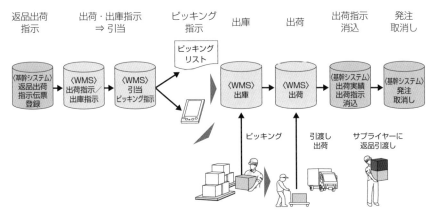

◆サプライヤーへの返品

返品出荷指示を伴わない返品出荷

サプライヤーの誤出荷などで入庫予定のないモノが納入された場合も返品が発生します。自社で発注したモノではないので、受け入れをせず返品をします。

納入したトラック業者に即持ち帰らせることができれば簡単ですが、一度トラックヤードに置かれ、入荷検品時に気付いた場合は、次の入荷時にドライバーに引き渡すか、こちらで返品するためのトラックを手配しなければなりません。

4-8 特殊な業務❷ 棚卸

期末の一斉棚卸と循環棚卸の2つの方法がある

保管している在庫の数量が正しいかどうか確認する棚卸作業

倉庫管理業務である通常の入出庫や保管と並んで大きな業務が**棚卸**になります。棚卸とは、簡単にいうと保管されている在庫の正確な数値を把握することです。

正確な在庫数を把握する目的は、3つあります。

第1に、**正確な決算をするため**です。在庫が正確でないと正しい決算ができませんし、在庫が正確でかつ正しいという証明をしないと、決算操作の意図が疑われます。正しい在庫把握は会社経営上必須なのです。

第2に、**業務に支障をきたさないようにするため**です。在庫があると認識していたのに、実際には在庫がないとなると、出荷や生産ができなくなります。正しい在庫把握は業務を清々と営むための前提条件です。

第3に、**ムダな発注や生産をしないため**です。在庫が不正確だと発注計算や生産計画にミスを生じさせます。把握されている在庫が実際の数より少ない場合、余計な生産・調達になりますし、逆の場合は不足を生んで生産や出荷に支障をきたします。

したがって、在庫の精度を高くしなければなりません。この場合の精度とは、システムや台帳で把握されている理論在庫と倉庫にある実地在庫の数量が合致しているということです。

理論在庫と実地在庫に在庫差異があり、在庫精度が90%を割り込むようでは、業務に支障をきたします。在庫差異を生む原因を特定して、在庫精度を高める対策を講じなければなりません。

そうした在庫の精度を確かめ、在庫精度を上げるためにも棚卸が必要になります。

期末などの決算のために行う一斉棚卸作業

　在庫には期末に決算確定のために行う棚卸があります。出荷や入荷を止めて一斉に行う期末の**一斉棚卸**です。一斉棚卸は、次のような手順で行います。

STEP1：入出庫の停止

　在庫移動があると正確な棚卸が難しくなるので、基本的に棚卸時期は入出庫を止めます。

STEP2：棚卸リストの作成

　在庫データを凍結し、棚卸リストを作成します。帳票で印刷する場合もありますし、HTに転送する場合もあります。

　棚卸リストはロケーション、品目、システムで記録されている理論数量を表示させます。理論数量の隣に実地棚卸（実棚）数量を記入できるようにして差異を明らかにします。もし、在庫精度が高く、システムで差異抽出をするのであれば、理論数値を表示させずに実棚数だけを記入できるようにしても問題ないでしょう。

STEP3：実地棚卸

　棚卸リストをもって実地棚卸を行います。現物をカウントして数量を確認し、現物数量を記入します。

STEP4：在庫差異の抽出

　在庫数に差異がある品目を抽出します。必要があれば再度実地棚卸をします。差異の原因を探り、今後の在庫精度向上のための対策を打ちます。原因追及には時間がかかるので、まずは棚卸作業を終わりにするために、次のステップである在庫調整を行います。

STEP5：在庫調整

基本的に現品の実地棚卸が正しいとされるので、WMS側の在庫を実棚に合わせて修正します。

STEP6：基幹システムの在庫データ調整

WMSの在庫データを基幹システムに送信し、会計上の棚卸データを修正します。

一斉棚卸は会社の棚卸データを決算数値に使うので、会計士が実地棚卸に立ち会ったり、社内に監査人を立てたりして実施されます。このように第三者的な監査が要求される重要な仕事なのです。

◆保管している在庫の数量が正しいかどうか確認する棚卸作業

▌定期的に棚卸作業をしていく循環棚卸作業

一斉棚卸と相違して、入出庫の全体を止めずに一部の倉庫ロケーションだけ止めて棚卸を行い、倉庫全体を1年または半年程度かけて1周するように棚卸をすることを**循環棚卸**といいます。

循環棚卸の手順もほぼ一斉棚卸と同じですが、入出庫を停止するのは一部のロケーションだけですので、入出庫の停止先ロケーションを選別し、入出庫を停止します。あるいは、入出庫を停止せず、入出庫作業後の夜間などに棚卸をすることもあります。

循環棚卸は、引当済未出庫在庫があったりするので注意が必要です。

循環棚卸は、基本的に現品在庫とWMSや在庫台帳上の理論在庫の差異を見つけ、在庫精度を高めるために実施すると考えましょう。ただし、在庫調整データは基幹システム側にも戻します。

棚卸作業人員計画と棚卸作業者手配

　一斉棚卸は入出庫を止めて、倉庫全体で実地棚卸をするので大変な工数がかかります。しかし、長く入出庫を止めるわけにもいきませんから、短期間で終わらせなければなりません。通常の倉庫作業者だけでは人員不足となるため、倉庫事務員や工場、本社からの応援を受けて棚卸を行うことも普通です。

　実地棚卸は一大イベントですが、実地棚卸に時間がかかります。さらに、在庫差異抽出も時間がかかります。こうした作業を短時間で終わらせるためには、**実地棚卸専門の請負業者にアウトソーシングする**手もあります。また、在庫差異抽出はWMSなどを導入してシステム化しておくことで、システム処理によって簡単に抽出して効率化しておくべきです。

　つい最近も、ある会社から「棚卸ではデータをチェックして表計算に入力するために徹夜しています」と聞かされました。データの転記や差異抽出に付加価値はないので、できるだけシステム化するべきです。

　また、在庫精度が低いと棚卸作業に膨大な時間がかかります。原因調査にはさらに時間がかかります。循環棚卸をしながら常時在庫精度を向上・維持し、業務的に在庫精度を悪化させないようにしておきましょう。

4-9 物流DX：RFIDの低コスト化で在庫管理はどこまで効率化するか?

RFIDが拓くといわれたサービス革新と実態、これからへの期待

RFIDは荷を一瞬で識別できる能力を持っている

RFID（Radio Frequency Identification）は電波を飛ばし、非接触型でデータを読み書きするデバイスです。RFIDは電子タグやICタグと呼ばれます。RFIDはカード型であったり、コイン型や円筒型であったりします。最近ではさらに小型化して、紙の中に電子タグが格納されているものもあります。

RFIDに書き込まれたデータを読んだり、書き込んだりする機器をリーダー／ライターと呼びます。代表的なものはハンディーターミナル（HT）ですが、ゲート型やアンテナ型のリーダー／ライターもあります。

RFIDで実現できるといわれる革新的な業務の効率化

RFIDはデータが一瞬で読み取れます。そのため、倉庫にある現品を一気に読み取って棚卸ができたり、入庫時に複数品目を一気に受入処理ができたりするといったことが謳われました。

電波の透過性の特性から、箱の中に複数の品目があっても一気に全品目を読み取ることができるともいわれました。これができると、箱を開梱せずとも中に入っている荷が確認できるので、劇的に効率が上がるというわけです。

また、非接触性のため、人がいちいちHTを近づけてRFIDを読ませずとも簡単に荷を識別できるともいわれました。つまり、ローラーコンベアなどに載せて流せば、ゲートをくぐって一気に荷受けができるということです。

さらに、RFIDは何度も読み書きができるため、工場の工程を通過す

るたびに作業内容を書き込み、トレーサビリティも簡単に実現できるとされました。

　こうしたさまざまな革新的なイメージが伝えられたことで、RFIDの活用によって業務の効率化を生むと期待されていました。しかし、実態はRFID活用はさほど進んでいません。一部の小売店舗でかごに入った商品を一気に読み取り、支払いができる例が出てきていますが、RFIDの普及は以前からあまり進展していないように見えます。

RFIDの普及を阻む制約はコストの壁と効果の評価

　RFIDの普及を阻むのはいまだにコストです。RFID1つのコストが高く、簡単には導入できないのです。RFIDはデータの書き込みと消去が何度も繰り返しできるため、再利用できる場面ではコスト面で優位性を保てます。しかし、データの読み書きや頻繁な書き換えは実際には発生しません。発生したとしてもRFIDではなく、システム側のDBにデータ保存・更新が行われれば十分なため、バーコードラベルを読むだけで事足りてしまいます。

　つまり、RFIDにデータを持つ意義が薄いのです。クラウド化が進み、どこでも電波が拾える環境で、RFIDというデバイスに過度のデータを持たせる意義が薄れています。したがって、紙のバーコードラベルに取って代わるメリットが見い出せません。紙のラベルが貼れず、かつ、RFIDのコストを賄うほどの高付加価値品でない限り、その導入はなかなか厳しいのが現実です。

　加えて、リーダー／ライターの価格は高価で、電波を広範囲に飛ばすためには強力な機器が必要なので、さらに高額になります。

　以上のことから、コストが下がったとはいえ、紙のラベルには遠く及びません。そして、その効果が高価なコストを賄いきれないのです。RFIDを使わなくても、バーコード、2次元バーコードの活用で十分に賄える分野がほとんどかもしれません。

特定分野における特殊なRFIDが革新を生みつつある

　ここまではRFIDの悪い面ばかり取り上げてきましたが、特定分野では革新を生む可能性を秘めています。たとえば、紙のシートに挟まれたRFIDがあります。このRFIDは紙を破いたときに電波を発し、破られたことをデータで知らせてくれます。このRFIDは、箱が開梱されたり、封が開けられたりしたことを通知できます。貸出品の開封、使用の記録が取れると、在庫が減ったことがわかるので、補充の必要性を知らせてくれます。

　広い敷地に駐車された車や大型の資材を探すためにロケーションと保管場所を紐付けるために使うこともできます。保管する場所に置かれたロケーションを示すバーコードを読んでから、そこに置く車や資材に貼ったRFIDを読み取ることで、その2つの情報を紐付けて管理します。また、出荷の指示を受けてからRFIDを読めば、出荷先や出庫先をタブレットなどの端末に表示させ、そのまま出荷・出庫させることも可能です。

　このように、特定分野ではRFIDは活用されていくことが期待できます。

127

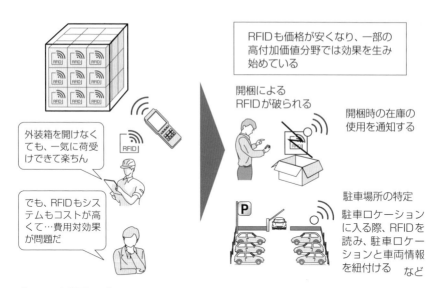

RFIDも価格が安くなり、一部の高付加価値分野では効果を生み始めている

外装箱を開けなくても、一気に荷受けできて楽ちん

でも、RFIDもシステムもコストが高くて…費用対効果が問題だ

開梱によるRFIDが破られる

開梱時の在庫の使用を通知する

駐車場所の特定

P

駐車ロケーションに入る際、RFIDを読み、駐車ロケーションと車両情報を紐付ける など

◆RFIDも進展してきている

第 **5** 章

輸配送と
輸配送管理システム

輸配送業務は輸配送計画と可視化、コントロール

輸送と配送、トラック、鉄道、船舶、航空機

物流費の過半を占める輸配送を計画し、コントロールする

物流費の中で輸配送費が占める割合は半分を超えています。輸配送を上手に計画し、手配し、効率良くモノを運べば、コストが下がります。

しかし、輸配送に関してはコストさえ低ければ良いわけではありません。輸配送品質は重要です。納期順守や納品時の振る舞いなどの満たすべき必要なサービスレベルもあります。安全性も重要です。

QCD＋S：Safety（安全）のすべてを適正化し、利益を生み出す輸配送を実現しなければなりません。そのためには、事前に輸配送を計画し、可視化してコントロールし、実績を収集して改善を継続させなければなりません。

輸送と配送の違い、路線便とチャーター便

ここで、少し用語の確認をしておきましょう。輸配送と一言でいっても、輸送と配送は異なる概念です。輸送は、**2つの拠点間を結んで荷を運ぶこと**です。配送は、**荷を積んで複数拠点に配荷していくこと**です。輸送は主に企業間取引で、配送は企業間取引もあれば、最終消費者への宅配も含みます。

トラック輸送をする際は、**路線便**と**チャーター便**があります。路線便とは、拠点間を路線のように行き来するトラックで、複数荷主の荷を積んで拠点間輸送を請け負います。チャーター便は1社でトラックを借り上げて、指定した発地から指定した着地に輸送する便です。

路線便は決まったスケジュールで動いているため、輸送会社のスケジュールに依存した配車計画になります。一方、チャーター便は1社での借り上げになるので、スケジュールやルートに自由度があります。料

金は路線便と比べて高くなりますが、融通が利くのです。

　通常輸送は路線便、緊急時やサービス要求が高い輸送ではチャーター便を使い、コストを適正化させます。

トラック輸送と鉄道貨物輸送

　日本国内の輸配送の場合、**トラック輸送**がトンキロベースで全輸送量の半分を占めます。トラック台数の逼迫と料金の高騰もあり、できるだけ他の輸送モードへのシフトを進めようとする動きもあります。

　陸送では**鉄道貨物輸送**があります。貨物駅までの輸送、貨物駅からの輸送の手間とコストがかかるものの、長距離輸送がある場合、鉄道貨物輸送はコスト安です。貨物のスケジュールに依存し、輸送時間も長くなりますが、短時間輸送を要求しない荷であれば使わない手はないでしょう。

船舶（内航船と外航船）、航空機輸送

　船舶輸送には内航船と外航船があります。内航船は国内輸送を行う船舶です。外航船は貿易で活躍する船舶輸送です。船舶にはコンテナを積み込むコンテナ船、トラックそのものを載せて運ぶRoRo（Roll on Roll off）船、フェリーなどがあります。貨物に合わせて、タンカーや木材チップ船、LNG専用船など、さまざまな船があります。

　航空機輸送では旅客便の貨物室（ベリー）に旅客の貨物と詰め合わせで運ぶ場合と、貨物専用飛行機（フレーター）で運ぶ場合があります。

　船舶輸送も航空機輸送も基本的に船会社や航空会社のスケジュールがあり、スケジュールに合わせて輸送計画を対応させていきます。

　船舶、航空機ともに船会社、航空会社とのやりとりで事前に単価交渉をしておき、個別の輸送のタイミングでスケジュールを予約して船腹を押さえる必要があります。

　国際輸送の場合は、輸送サイクルやルートが限られているとともに、貨物の過小も変動するので、船腹を押さえるのが難しい時期もあり、事前に輸送計画を立案し、適切に輸送できるようにしなければなりません。

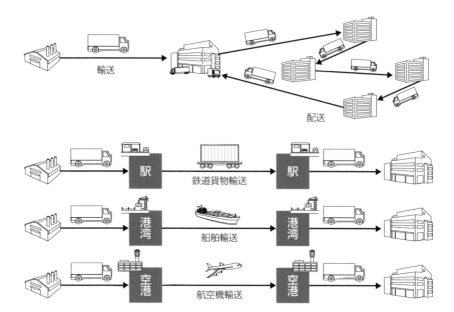

輸送

配送

駅　鉄道貨物輸送　駅

港湾　船舶輸送　港湾

空港　航空機輸送　空港

◆輸送と配送、トラック、鉄道、船舶、航空機

配車計画が輸配送管理の中心業務

ベテランの配車担当者の頑張りも限界、業務を整理し、システム化を視野に

ベテランの配車担当者に依存した日本の配車計画

毎日の出荷に合わせてトラックを手配している配車担当者が日本中にいます。日本では需要変動や出荷変動に対応しようと、日夜ベテランの配車担当者が頑張っています。

多くの配車担当者は、Excelや紙の上で**配車計画**を立てています。入手できる出荷予定情報に基づいて、方面別に荷物の容量や荷姿などから必要なトラック要求台数を割り出します。もし、緊急に運びたい荷がある場合、要注意の貨物としていったん避けて、車組み段階でトラックに割り付けます。

必要なトラック要求台数から、トラックを割り当てる車組みを行います。トラックの指定、特殊仕様のトラック要求の特定、配車要求（求車）計画を立案します。

次に、配車要求に合わせたトラックの手配をします。自社トラックや契約トラックで最初に要求台数を埋め、足りないときは傭車で追加手配できないか検討します。

積み残しは許されませんから、既に用意されたトラックや路線便で間に合わないときは、チャーター便で対応できないか検討します。緊急の出荷要求でも同様です。

事前に準備したトラックに十分な荷物がないときもあります。空でトラックを走らせることはありませんが、コストは発生します。スペースに空きがある状態で輸配送するのはムダなので、先々運ぶ予定の荷を先行して運んで、積載効率を上げられないか、出荷指示部門などの関係部署と相談をします。

物流の都合だけで、出荷部門に大ロットでまとめ出荷の決断を要求す

ることもあります。会社からは輸送効率を上げるように指示されるため、積載効率を上げて、運行当たりの輸送量を増やすために大量輸送してしまうことがあります。

　営業部門、生産部門、購買部門、納入先、トラック業者などと調整しながら、配車担当者は、複雑な判断をして、日夜配車を行っています。日本の配車計画は、まさにベテランの職人技に支えられているのです。

　しかし、ベテラン依存も限界にきています。システム化しながら、業務ルールを整理し、ムリ・ムラ・ムダを排除できる配車計画業務を確立しないと、いつまで経っても人に依存した仕事になってしまいます。

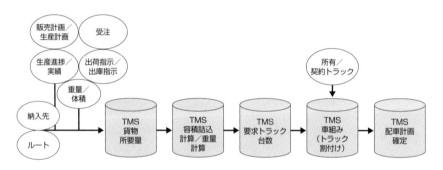

◆適切な配車計画

マスター整備と特殊物流オーダーの低減が必要

　ベテランの配車担当者に頼らず、システムで配車する仕組みが**TMS**（Transport Management System：輸配送管理システム）です。TMSの歴史は古く、配車要求計算（出荷方面集約・ルート集約）、車組み（保有車両割付け、契約車両割付け、追加要求車両）、配車指示といった機能があります。車組み時にトラックへの積込計算をしますが、3次元の詰込計算や重量計算などができるかどうかはTMSによります。

　TMSは古くからありますが、ほとんど使われていません。使われない理由は、マスター整備の問題と物流を取り巻く他業務との連携を含む業務運用の問題、そして操作が難しいからです。

マスター整備は、TMSを使うにあたって必要なマスターを常に更新しておかなければならないところに課題があります。新しい車両、車両の稼働カレンダーなどのマスターがきちんとしていないと計画がおかしくなります。マスターは、常に最新のものに更新して登録しなければなりません。

また、周辺業務の変動で、イレギュラー処理が多いと配車計画にイレギュラー処理が増えて、システムではなく人手による立案に戻ってしまいます。計画を無視した強引な緊急出荷要求、ルート変更・追加などです。できるだけイレギュラーな出荷依頼を減らしていかないと、配車システムが使われなくなります。

マスター整備と周辺業務を含む業務プロセスの整流化とルール化が、TMS導入の重要な要素になります。操作性はシステム選定時に評価して、使いやすいものを選びます。

運行管理は
輸送の効率を改善する

運行管理のIT化が進み、稼働監視もできるようになった

ITのおかげで動態管理も可能に

配車計画をしたら、実行業務として輸配送があります。輸配送が終わって、荷物が届けられたら終わりではありません。実績を測定し、結果を評価し、改善しなければなりません。

昔はタコメーターで運行状況を紙に記録していました。現在ではデジタル・タコメーターで詳細な運行状況が把握できます。走行中、停止中、急発進、急ブレーキなどの運行稼働状況もわかりますし、走行距離と燃費もわかります。こうしたデータを収集して、燃費向上の指導や安全運転のサポートができます。

紙で運行管理していた時代は日報も紙で作成していましたが、現在では電子化された運行管理の結果を使って、システムで日報を作成することもできます。運行管理システムはいくつかパッケージがありますから、評価して、使いやすい仕組みを選びましょう。

運行効率は稼働率、実車率、積載効率の掛け算

運行効率は**稼働率**、**実車率**、**積載効率**の掛け算になります。以下、それぞれについて詳しく見ていきます。

①稼働率

稼働率とは、トラックなどの車両が稼働したかどうかの指標です。全カレンダー日数のうちトラックが走っていた日数です。たとえば、月30日のうち21日走った日数があれば、稼働率は21/30＝70％となります。稼働率を計測して、遊んでいる車を減らすためにアクションを起こします。

②実車率

実車率は、実際に荷を積んでいた割合です。実車率は、実際に荷を積んで走った距離（実走行距離）を総走行距離で割って算出します。たとえば300キロ走ったうち、行きの150キロしか荷を積んで走行していない場合、実車率は150/300＝50％となります。

行きは荷を積んでいたが、帰りは荷を積んでいないとなると実車率が落ちてしまうので、帰り便の求貨などをして実車率を上げるようにします。

③積載効率

積載効率は最大積載量に対し、実際に積まれていた量の割合です。積載効率は積載量／最大積載量で計算されます。積載量が2トンで最大積載量が4トンなら2/4＝50％と計算します。

仮に、走行距離で荷の積み下ろしがあって積載量が変わる場合は、（実走行距離×積載量）＋（実走行距離×積載量）＋……／（実走行距離×最大積載量）となります。

運行効率の測定では、稼働率は日ベースの稼働率になっています。実際は、1日フル稼働ではなく、トラックが稼働している時間には駐車時間、留置時間、停車時間などの非稼働時間があります。駐車時間は夜間や休みなどの駐車時間です。トラックが24時間フル稼働するのは不可能なので、こうした時間は管理考慮外にすることが多いと思います。

しかし、荷物の出荷待ち・入荷待ち、積み下ろしに関わる留置時間や停車時間は減らすことができます。留置時間や停止時間は測定し、原因分析を行います。

運行効率は、効率をアップするために測定します。稼働率が落ちている場合は荷主を探す、実車率が落ちている場合は帰り便の求貨をする、積載効率が落ちている場合は詰め合わせなどを検討するといった改善策を打っていきます。

運行効率とあわせて管理する指標は、速度オーバー回数、急発進、急加減速回数、速度オーバー時間、アイドリング時間、燃費などです。

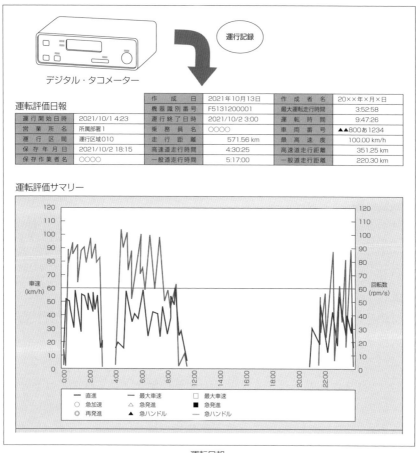

運行記録

デジタル・タコメーター

運転評価日報

		作　成　日	2021年10月13日	作 成 者 名	20××年×月×日
運行開始日時	2021/10/1 4:23	機器識別番号	F5131200001	最大運転走行時間	3:52:58
営 業 所 名	所属部署1	運行終了日時	2021/10/2 3:00	運 転 時 間	9:47:26
運 行 区 間	運行区域010	乗 務 員 名	○○○○	車 両 番 号	▲▲800あ1234
保 存 年 月 日	2021/10/2 18:15	走 行 距 離	571.56 km	最 高 速 度	100.00 km/h
保存作業者名	○○○○	高速道走行時間	4:30:25	高速道走行距離	351.25 km
		一般道走行時間	5:17:00	一般道走行距離	220.30 km

運転評価サマリー

— 直進	— 最大車速	□ 最大車速
○ 急加速	△ 急発進	■ 急発進
◎ 再発進	▲ 急ハンドル	— 急ハンドル

運転日報

◆**運行状況の見える化**

GPSによる車両の稼働状況監視

　また、車両にGPSを設置し、車両の稼働状況を監視できるようにもなりました。GPSを通じて、走行中、停止中といったステータスの監視もできます。

　運行効率の改善に関しては、日報型の日締めでデータ収集をすれば十分で、リアルタイム監視の要件はありません。GPSによる車両の監視は、将来的には自動運転にもつながる仕組みになるでしょう。

5-4 共同輸配送を行うための システムと求貨・求車システム

共同輸配送はコストメリットが大きい

共同輸配送を行う際に注意すべきこと

トラック不足への対策や物流のコスト削減を目的に、**共同輸配送**の取り組みが進展してきています。

共同輸配送の形態としては、トラックが集荷して輸配送するタイプと、センター倉庫化して貨物を集め、センター倉庫から共同で輸配送するタイプがあります。

トラックが集荷して輸配送するタイプは、トラックの積載効率や運行効率を上げるためにも使われる手段です。集荷要求を受けて、トラックが荷主の出荷倉庫に集荷に行き、荷の輸配送先に運ぶ仕組みです。

トラックに対しては、各社各様の伝票が渡され、納品受領書の引渡しや運賃精算は荷主ごとに行われるので、荷主間のシステムの整合性は意識せずに運用ができます。

一方、センターにいったん入荷したモノを一括で出庫・出荷、輸配送する際は、各荷主企業とセンター倉庫それぞれのWMSとのシステム連係が必要になります。同一倉庫からの出庫・出荷となるため、センター倉庫のWMSは統一された仕組みになります。

どちらの場合でも、共同輸配送には課題が多くあります。荷姿やパレットの標準化・統一、荷物のピーク時のルール、荷積み・下ろし時の待機時間の許容、リードタイムの長時間化への合意、締め時間の合意といった課題は、システムというよりも共同輸配送を行う荷主間の運用ルールの合意になります。荷扱いや時間指定、価格の合意なども重要な要因です。

共同輸配送のルールの整理と合意があったあとに、システムの整合性が行われてはじめて共同輸配送が実現します。

共同輸配送は、輸配送を請け負う物流業者の業務品質にも依存します。業務、システムともに自社物流で行うよりもQCDでメリットがなければ誰も委託しません。また、物流会社の信用力も問題になります。

　物流会社に共同輸配送を委託する場合は、信用力のある3PL（3rd Party Logistics：サードパーティ・ロジスティクス）会社になるか、荷主の業界の中で最大手の企業の物流会社になることが多いと思われます。

　同一業界に属している場合は、納入先が同じであることが多く、共同輸配送のメリットは大きいでしょう。

　共同輸配送の仕組みは、長期的な契約に基づいて物流会社が請け負うことが普通ですが、マッチング型で共同輸配送を行おうとする取り組みも発展してきています。これは、5-7で紹介する求車・求貨マッチングシステムに近い仕組みです。

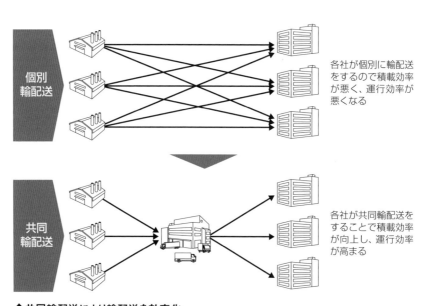

個別
輸配送

各社が個別に輸配送
をするので積載効率
が悪く、運行効率が
悪くなる

共同
輸配送

各社が共同輸配送を
することで積載効率
が向上し、運行効率
が高まる

◆共同輸配送により輸配送を効率化

5-5 国際物流におけるフォワーダーの役割とインコタームズ

輸出と輸入で異なる物流と貿易の流れ

輸出入は物流と貿易が連動したプロセス

　輸出入はモノが動きますから、当然ながらそこには輸送プロセスがあります。国内輸送のプロセスと相違する点は、**貿易のプロセスが並行して動いている**点です。貿易に必要な書類との連動があり、貿易用の書類と物流が連動するため、プロセスの理解には双方を関連付けなければなりません。

　しかも、貿易に関わる業務は多岐にわたります。そのため、本書では、貿易業務は概要にとどめて説明します。

　また、国際物流は、各国各地域の貿易に関わる法律上の違いが存在するため、詳細の記述は割愛し、国際的に取り決められた貿易条件としてのインコタームズ（Incoterms：貿易条件、次節で詳しく解説）に限定して触れることにします。

船舶輸送による輸出物流プロセス

　船舶輸送で輸出する際は、まず、**船のブッキング**を行います。並行して輸出者が輸入者に対して発行する貨物の品名、包装、数量、重量などを記載した**P/L**（Packing List：梱包明細書）と貨物の明細を示した請求書および納品書である**I/V**（Invoice：送り状）などの貿易書類を作成します。I/Vには、積荷の品名、数量、単価、金額、船名、船積日・仕出港、仕向港などが記載されています。

　物流業者に荷物と貿易書類を渡し、物流業者によってコンテナヤードに運ばれます。並行して税関による検査・書類審査が行われ、輸出許可を受けます。混載の場合、保税倉庫でバンニング（コンテナに詰め込む作業）が行われます。

通関業者によって船会社が発行する輸出貨物の受領書である**D/R**（Dock Receipt：Dock Receipt）、コンテナに詰められる貨物の明細**CLP**（Container Load Plan：コンテナ内積付表）が作成されます。

　船会社に海上運賃を支払うと**B/L**（Bill of Lading：船荷証券）が発行され引き渡されます。B/Lは船主が荷主との間の運送条件を明示した運送書類で、船主が輸送を引き受け、指定された港で正当な荷受人に貨物を引き渡すことを約束した有価証券です。

　このあと、船にコンテナが積み込まれ、出港となります。

Packing List			
Shipping Company Address:	SE Trading Inc. 555 FunamachiST. ×××××× Seattle Washington USA　TEL 1234-××××-×××× FAX 1234-××××-××××	Ship to	SHOEISHA Co.,Ltd. SE Funamachi Building, 5 Funamachi, Shinjuku-ku Tokyo Japan　TEL 03-5362-3818 FAX 03-5362-3845
		Bill To	SHOEISHA Co.,Ltd. SE Funamachi Building, 5 Shinjuku-ku Tokyo Japan　TEL 03-5362-3818 FAX 03-5362-3845
Order Number:	#1234567	Customer Contact	It Dept.
Oder Date	January 5, 2021	Customer Account	×××××-×××××
Description of Goods	**Weight**	**Measurements**	**Qty.**
BOOKS	**5.0KGS**	**70CBM**	**1**
Special Info			

◆P/Lのイメージ

Dock Receipt

Shipping Company Address:	SE Trading Inc. 555 FunamachiST. ×××××× Seattle Washington USA TEL 1234-××××-×××× FAX 1234-××××-××××	Consignee:	SHOEISHA Co.,Ltd. SE Funamachi Building, 5 Funamachi, Shinjuku-ku Tokyo Japan TEL 03-5362-3818 FAX 03-5362-3845
Document Number:	#1234567	Notify Party:	SHOEISHA Co.,Ltd. SE Funamachi Building, 5 Funamachi, Shinjuku-ku Tokyo TEL 03-5362-3818 FAX 03-5362-3845
Export References:	#2345678	Forwardig Party:	××××
		Exceptions:	××××××××
Pre-carriage:	××××	Vessel/Carrier:	×××××
Point of Origin:	××××	Loading Port:	××××××
Point of Discharge:	××××	Place of Receipt:	×××××

Numbers & Marks	Description of Goods	Weight	Measurements	Qty.
0000-0000-000Y	BOOKS	5.0KGS	70CBM	1

Delivered By

Carrier:	×××××	Checked By:	
Arrived at:	Date: Jan 05, 2021		
Unloaded at:	Date: Jan 06, 2021		
Signature:			

Received By

◆D/Rのイメージ

INVOICE

		インボイス作成日 (Date) :	January 5, 2021
		インボイス作成地 (Place) :	JAPAN

ご依頼主 (Sender) :
Name:Shoei Taro
SE Trading Inc.
Address:
555 FunamachiST. ××××××
Seattle Washington
Country:USA
TEL 1234-××××-××××
FAX 1234-××××-××××

郵便物番号 (Mail Item No.) :
0000-0000-000X

送達手段 (Shipped Per) :
EMS

支払い条件 (Terms of Payment) :

お届け先 (Addressee) :
Name:Shoei Ziro
SHOEISHA Co.,Ltd.
Address:
SE Funamachi Building, 5 Funamachi,
Shinjuku-ku
Shinjuku-ku Tokyo
Country:Japan
TEL 03-5362-3818
FAX 03-5362-3845

備考 (Remarks) :
□有償 (Commercial value)

□無償 (No Commercial value)
□贈物 (Gift) □商品見本 (Sample) □その他 (Other)

内容品の記載 (Description)	原産国 (Country of Origin)	正味重量 (Net Weight) Kg	数量 (Quantity)	単価 (Unit Price) JPY	合計額 (Total Amount) JPY
BOOKS	JAPAN	5.0Kg	1	¥×××××	¥××××
総合計 (Total)		5.0Kg	1		¥×××××

F.O.B.JAPAN

郵便物の個数 (Number of pieces) : 1
総重量 (Gross weight) Kg : 5

署名 (Signature)

◆I/Vのイメージ

航空機輸送による輸出物流プロセス

　航空機輸送での輸出もブッキングをし、貿易書類を作成して物流業者に引き渡すところまでは一緒です。引き渡したあと、荷物は積み下ろしをされ、いったん航空会社の倉庫に荷物が搬入されます。荷物の検量、検尺をし、**AWB**（Air Way Bill：航空貨物運送状）を発行して荷物に貼ります。AWBとは、航空会社が荷送り人との間で運送契約を結んだことを証明する書類です。

　ラベリング後、税関による検査・書類審査が行われ、輸出許可を受けます。輸出許可を受けた荷物は航空機に積まれ、輸送されます。

Shipment Information				Air Waybill / Non Negotiable	ORIGIN / WA USA
■ Document　□ Non Document　□ Commercial				01234567890	DESTINATION / JP TYO
Description of Goods(s)　**BOOKS**					
■ ICX　□ IEX ECO　□					
Declared Value for Carriage　Currency **YEN**　Amount **15,000**					
Declared Value for Customs　Currency **YEN**　Amount **15,000**					

Shipper			Receiver　We cannot deliver to a P.O.BOX		
Customer Code　**0000**　　-**0000**　　-**000X**			Customer Code　**0000**　　-**0000**　　-**000Y**		
Company Name　**SE Trading Inc.**			Company Name　**SHOEISHA Co.,Ltd.**		
Section			Section　**Editorial**		
Contact Name　**Shoei Taro**			Contact Name　**Shoei Ziro**		
Address　**555 FunamachiST.** **××××××**			Address　**SE Funamachi Building, 5 Funamachi,**		
City　**Seattle**			City　**Shinjuku-ku**		
Prefecture　**Washington**			States　**Tokyo**		
Country　**U.S.A**			Country　**Japan**		
Postal Code　**98101**　Tax ID			Postal Code　**1600006**　Tax ID		
Phone No. / Ext No.　**1234-××××-××××**			Phone No. / Ext No.　**03-5362-3818**		

Payment　If check 'Other', please state Customer Code.			Importer　Please state if Receiver and Importer are different.		
Transportation ■ Shipper　□ Importer　□ Other　Section Code / 配送費用			Customer Code		
Customer Code　　-			Company Name		
Duties & Taxes □ Shipper　■ Importer　□ Other　Section Code					
Customer Code　　-					

Shipper's Reference	Dimensions			Surcharge	
	50 / **60** / **70** cm			Transportation Charge	
	/ / cm			Duties & Taxes	
	/ / cm			Other Charge	
	Piece(s)	Weight		Other Charge	
	1	**5.0** kg		TOTAL	
Optional Service	Date of Receipt (DD/MM/YYYY)　/　/			Receiver's Signature	
□ Notified Broker	Piece ID				
Date of Shipment (DD/MM/YYYY)　**05** / **01** / **2021**　Shipper's Signature					1/1

◆AWBのイメージ

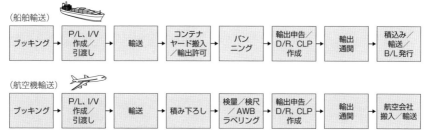

◆船舶と航空機輸送の輸出物流プロセス

船舶輸送による輸入物流プロセス

　船舶輸送による輸入は、まず、船会社から入船予定の**A/N**（Arrival Notice；貨物到着案内書）が発行されます。船が入港したら、コンテナヤードにコンテナが搬入され、デバンニング（コンテナからの積み下ろし）がなされます。

　荷受人は荷物を荷受けするため、B/Lまたは**L/G**（Letter of Guarantee：先行で荷を受け取るためにB/Lに代わり船会社に差し入れる保証書）を船会社に差し入れ、荷受けをします。

　その後、輸入申告、関税審査、書類審査を受け、関税などを支払い、輸入許可を受け、国内輸送をして荷物を輸送し、納品先に納品します。

航空機輸送による輸入物流プロセスの概要

　航空機輸送による輸入は荷の到着後、コンテナヤードに搬入、積み下ろしを行い、保税蔵置き場に搬入します。以降の流れは船舶輸入と同じです。

　輸出入に関わる物流は**フォワーダー**という輸出入専門の物流業者が受託して行うことが多くなっています。

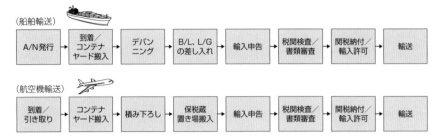

（船舶輸送）

| A/N発行 | → | 到着／
コンテナ
ヤード搬入 | → | デバン
ニング | → | B/L、L/G
の差し入れ | → | 輸入申告 | → | 税関検査／
書類審査 | → | 関税納付／
輸入許可 | → | 輸送 |

（航空機輸送）

| 到着／
引き取り | → | コンテナ
ヤード搬入 | → | 積み下ろし | → | 保税蔵
置き場搬入 | → | 輸入申告 | → | 税関検査／
書類審査 | → | 関税納付／
輸入許可 | → | 輸送 |

◆船舶と航空機輸送の輸入物流プロセス

5-6 貿易での危険負担と費用負担の合意事項がインコタームズ

各国バラバラだった貿易の費用とリスク負担を統一したルール

貿易での費用負担とリスク負担取り決めは重要

　国際物流に関連する取り決めのひとつに**インコタームズ**（Incoterms）というものがあります。売主と買主の間の貿易取引における運賃、保険料、リスク（損失責任）負担などの条件の取り決めを国際的に統一して定義したルールです。インコタームズは国際商業会議所（International Chamber of Commerce：ICC）が定義していて、「インコタームズ2020」が2020年1月1日から発効されています。今後も更新されていくことが予想されるので、定期的に確認するとよいでしょう。

　インコタームズは、費用負担と危険負担の範囲を売主と買主が分担することで、どこまでが売主の費用負担・リスク範囲で、どこからが買主の費用負担・リスク範囲かを明確化しています。

　インコタームズは、航空機輸送も含むあらゆる輸送形態で使えるルールと海上および内陸水路輸送のためのルールに分かれています。あらゆる輸送形態でのルールの分類は、次のようになります。

● EXW（Ex Works）

　出荷工場渡しの条件です。売主は、自社の工場で買主（または買主が手配した運送人）に商品を引き渡し、それ以降の運賃、保険料、リスクは買主が負担することになります。

● FCA（Free Carrier）

　運送人渡しの条件です。売主は、指定された場所（積み地のコンテナヤードなど）で荷物を運送人に渡すまでの費用とリスクを負担します。それ以降の運賃、保険料、リスクは買主が負担します。

• CPT（Carriage Paid To）

　輸送費込みの条件です。売主は、指定された場所（積み地のコンテナヤードなど）で商品を運送人に渡すまでのリスクと運賃を負担します。それ以降のコストとリスクは買主が負担します。保険を付保し、負担するのは通常は買主になります。

• CIP（Carriage and Insurance Paid To）

　輸送費・保険料込みの条件です。売主は、輸入国側の指定された場所（積み地のコンテナヤードなど）で商品を運送人に渡すまでのリスクと運賃、保険料を負担します。買主は、荷揚げ地からのコストとリスクを負担します。

• DAT（Delivered At Terminal）

　ターミナル渡しの条件です。売主が指定された輸入国側の埠頭や駅などのターミナルまでのコストとリスクを負担し、その後の輸入通関手続きと関税は買主が負担します。

• DAP（Delivered At Place）

　仕向地持ち込み渡しの条件です。DATとほぼ同じですが、引渡しはターミナル以外の任意の場所で行います。

• DDP（Delivered Duty Paid）

　仕向地持ち込み渡し・関税込みの条件です。売主は、輸入国側の指定された場所までのすべてのコストとリスクを負担します。

　以上があらゆる輸送に適用されるルールです。次に、海上および内陸水路輸送のためのルールです。

- **FAS**（Free Alongside Ship）

　船側渡しの条件です。積み地の港で本船の横に荷物を着けるまでの費用を売主が負担し、それ以降は買主が負担します。

- **FOB**（Free On Board）

　本船甲板渡しの条件です。積み地の港で本船に荷物を積み込むまでの費用を売主が負担します。それ以降は買主が負担します。

- **CFR**（C&F Cost and Freight）

　運賃込みの条件です。積み地の港で本船に荷物を積み込むまでの費用と海上運賃を売主が負担し、それ以降は買主が負担します。

- **CIF**（Cost Insurance and Freight）

　運賃・保険料込みの条件です。積み地の港で本船に荷物を積み込むまでの費用、海上運賃、保険料を売主が負担し、それ以降は買主が負担します。

◆インコタームズの危険負担と費用負担の範囲

	商品梱包費	貿易保険料 ※1	輸出許認可手続き・検査費用	国内運送費・倉庫料	輸出通関諸費用	船積費用	国際運送費	貨物保険料 ※2	荷降ろし・陸揚げ費用	輸入許認可手続き・検査費用	輸入通関諸費用	関税など輸入地の税金	国内運送費・倉庫料
いかなる単数または複数の輸送手段にも適した規則													
EXW	■	■											
FCA	■	■	■	■	■								
CPT	■	■	■	■	■	■	■						
CIP	■	■	■	■	■	■	■	■					
DAT	■	■	■	■	■	■	■	■	■				
DAP	■	■	■	■	■	■	■	■	■				
DDP	■	■	■	■	■	■	■	■	■	■	■	■	
海上および内陸水路輸送のための規則													
FAS	■	■	■	■	■	■							
FOB	■	■	■	■	■	■							
CFR	■	■	■	■	■	■	■						
CIF	■	■	■	■	■	■	■	■					

■＝負担義務はないが、通常、輸出者が自らのために支払うもの（通常、輸出者は輸入者に示す建値にその保険料を含めて提示する）。

※1 運送中の事故ではない取引そのものにかかる損害を補填する（例：取引当事者に責任がない政治・経済情勢的な理由による危険［政府の輸出入制限・禁止、内乱、テロなど］や、輸入者の倒産やL/C発効銀行の破綻などによる損害）。

※2 輸出入者の運送中の貨物に起こった事故による損害（損害額）を補填する。

5-7 物流DX：求車と求荷の マッチングアプリは進展するか？

輸送要求がある企業と荷台を空で走ることを避けたい企業を仲介する

空の荷台で帰るムダを解消したい輸送業者のニーズ

トラック輸送ではできる限り荷台を満載にして走ることが求められます。トラック業界をはじめとした物流業界には、そうしたニーズがあるものの、課題は簡単には解決できません。

輸送では、ある地点からある地点までの荷を運ぶことが求められます。ということは、何も手を打たなければ、帰りの荷台は空で走ることになります。

空で走ることほどムダなことはありません。空で走るということは、貴重な輸送能力を往復で有効に活用していないということです。輸送の半分は、空気を運んでいることになります。こうした空の荷台を埋めて帰りも走ることができれば、輸送効率は2倍になります。

共同輸送による帰り便の空台車の活用

帰り便に荷を積んで走る努力は長年行われており、物流会社でも帰り便の求荷を行う活動がされてきました。しかし、物流会社というサービス提供者側がいくら求荷しても、荷主側のニーズに合わず、なかなかうまくいきませんでした。

また、求車・求荷する際も電話・FAXやメールベースでのアナログなやり取りが、労多くして成果を生みにくい煩わしい業務となっていました。そのため、物流会社側が帰りの便を埋めたくても、実現が難しかったのです。

しかし、ドライバー不足などによる輸送コストの高騰で状況が変わりました。荷主側が何とか輸送のコストダウンを行う必要に迫られ、いろいろな施策を検討し始めました。その1つが、帰り便を使っての**共同輸**

送です。

　共同輸送といっても、同じトラックに競合メーカーが荷を積み合うのではなく、往路である荷主が使ったトラックを復路で別の荷主が使うというものです。この場合は、継続的なビジネスとして荷主と物流会社での契約が締結されるので、システム上の連携はなくとも、業務が成り立ちます。定型的で、永続的なビジネスです。

アイドルリソースを活用するというマッチングの考え

　インターネットの進展により、一時的なお互いのニーズのマッチングの仕組みが整備されてきました。

　通常の輸送や共同配送では決まった価格で輸送が行われますが、不定期、あるいは偶発的な輸送が発生すると、特別な輸送として価格が上がります。そこで、遊んでいる**輸送能力**（アイドルリソース）を活用することで、輸送コストを下げることができる求車サービスが立ち上がりました。

　それが、**求車・求荷のマッチングサービス**です。求荷側の物流会社は自社のトラックなどを登録します。求車側は、必要な輸送量、距離、発地と着地などから適切なトラックを選び、輸送ニーズを登録します。

　物流会社にとっては、自社の輸送の空きを時間ベースで埋められるため効率的です。自社の輸送能力の空きと輸送可能な時間帯や荷を見つけて、自ら荷主・荷を選択できるのです。

マッチングの利点

　下請け型で仕事をもらっていた物流会社にとって、マッチングの価格は下請け価格より高い場合があります。無理な要求で安い仕事ではなく、自ら仕事を選べることが利点です。

　荷主側にとっても利点があり、輸送料金の低減だけでなく、作業コストの削減効果もあります。マッチングサービスによっては、特別な依頼によるチャーター便の輸送ルートの組み立てなどといった作業が不要になり、コスト削減にもなります。

　マッチングというのは、なじみのない物流業者に荷を預けることになるため、信用力に不安がある場合には使いませんし、荷扱いや納入先への対応品質への不安が払拭されないと使えないことになります。しかし、そうした信用不安も実績によって払拭されてきています。マッチングシステムは2000年ごろから多く登場しました。当初は、マッチングを使うというよりも、荷の動きが双方向にあって、お互いの空の便が融通し合える荷主同士が長期的に協力関係を結ぶといったケースのほう普通でした。たとえば、工場が関西にあるメーカーが関東に製品を運び、その帰り便で工場が関東にあるメーカーが関西に運ぶといった関係です。こうすることで長期的に信用のある相互利用が成り立つのです。日本のトラックの積載効率は50%前後といわれているので、今後こうした取り組みが増えることが望ましいでしょう。このマッチングのしくみはインターネット上のアプリの発展で成長してきています。

インターネットによるマッチングはASPとして活用すべし

　求車・求荷のマッチングサービスを自社で立ち上げようとする物流会社もあることでしょう。しかし、こうしたシステムは単独で作るよりも、オープンな仕組みとして、たくさんの荷主と物流会社が集まるサービスになることが重要です。

　したがって、自社で作るよりも、求車・求荷のマッチングサービスである**ASP**(Application Service Provider)を活用するほうが良いでしょう。民間の業者がシステム化しています。求車・求貨マッチングシステムには掲示板型と第3者が間に入ってマッチングする調整エージェント型があります。

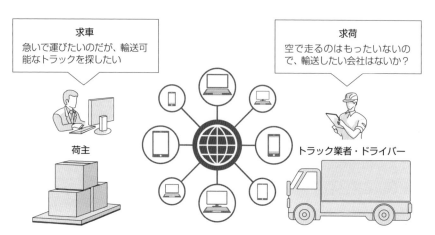

◆**求車と求荷のマッチングアプリ**

第 **6** 章

発注管理とERP

発注計算で必要な 需要計画と需要連動

在庫の維持管理と発注計算にも需要計画が必要

在庫の適正維持と発注計算は本来物流の仕事ではない

日本は高度経済成長を経たため、多くの企業が成長に伴って大きくなってきました。本来はあるべき業務を描き、内部統制に考慮した組織設計をすべきところ、急速な成長に対応するために、場当たり的に「できる部門ができることをやる」といった形で業務が作られてきました。

そのため、物流においても、在庫の適正な維持、発注計算、発注、在庫の現品管理、それぞれは別々の部門に分けておくべきところ、結果的にそうなってきませんでした。物流部門は、本来在庫の現品管理を行う部門とし、在庫の適正維持や発注計算、発注に関わるべきではありません。しかし、日本ではそうなっておらず、在庫の現品管理を行っている部門が在庫の適正維持を行い、発注まですることになっています。

在庫の維持に関わる業務は生産管理や営業仕入管理の下にあるべきであり、資産管理に責任を持つ当該部署がその業務を行うべきです。そして、その入出庫や保管を行うのが物流部門というのがあるべき姿です。すなわち物流部門は、生産や販売向けの資産在庫を管理するのではなく、現品管理としての保管と入出庫荷役、輸配送という**実行作業を担う部門**なのです。在庫の責任は生産管理部門や営業部門であって、物流部門ではないのです。

しかし、自然発生的かつ積上げ式に業務を作り上げてきた企業では、いまだに在庫管理（現品管理ではなく、生産に使ったり、売ったりする資産としての在庫）が物流業務になっていることも現実です。そうした企業向けに、本章では適正に在庫を維持するための発注計算と補充計算の業務のあり方について解説していきます。

また、在庫管理を担うべきシステムとして基幹システム（ERP）やサ

プライチェーンマネジメント（SCM）システムにも言及し、WMSとの連係について述べたいと思います。

適正な発注計算・補充計算を行うためには需要計画が必要

受注生産や受注生産仕入れといった無在庫でビジネスが営める場合でない限り、事前に在庫を準備します。適正な在庫とは売ったり、使ったりするために必要十分な数量の在庫が、タイムリーに準備できていることです。必要十分な数量とタイムリーさを決めるのは、いつ、どれだけ売ろうとしているのか、どれだけ使おうとしているのかという点です。ここでいう「いつ、どれだけ売る・使う」という情報が**需要計画**です。

需要計画の種類

需要計画がなければ、必要な在庫が計算できません。需要計画がいい加減では適正な発注計算や補充計算ができませんから、需要計画は適正に作る必要があります。需要計画の立案方法は、主に次のような方法があります。

・統計的需要予測

過去実績や影響因子を基に、統計モデルを使って需要予測を行います。一般的には、指数平滑法、移動平均、季節変動、季節傾向、ウィンター法、ホルト・ウィンター法、クロストン法などの公開された統計式を使います。なお、本書は統計に関する書籍ではないため、それぞれの統計式の詳しい説明については省略します。

・人的需要予測

人が経験と勘で予測する方法です。

・顧客内示

顧客が内示を提示して発注を事前に知らせてくれることがあります。その場合は、内示を需要計画とします。

統計予測に対する留意点

　統計予測に過去実績を使う場合、過去実績に突発的な特殊需要が入ったままだと予測の精度が悪くなります。したがって、**特殊需要を除いて**、「プレーン」な実績で、「プレーン」な予測をしなければなりません。

　会社の意思を持ったキャンペーンなどの特殊な追加需要は、予測や内示に**意思入れ**をします。企業は予算達成のため、キャンペーンなどで需要を増やそうとします。そうした、企業意思による活動で予測や内示を補正し、意思の入った販売計画にしていきます。

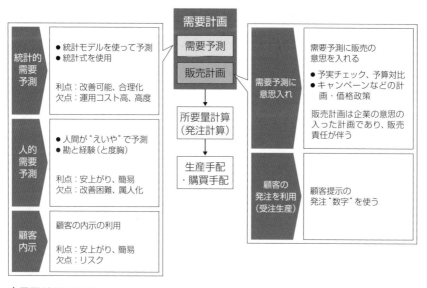

◆需要計画の作成

需要計画のシステム

　需要計画を統計予測で行う際には、統計式を用いた需要予測を行う**統計的需要予測システム**を使います。いくつかパッケージも出ていますが、実際には、表計算ソフトで自作することが多くなっています。

6-2 発注計算の方法 ❶ 所要量計算と基準在庫計算

所要量計算は統計的基準在庫計算か簡易な基準在庫計算を使う

所要量計算とは？

　所要量計算とは、在庫の必要数量を求めることです。たとえば販売計画が100であれば、事前に在庫が100必要になります。この場合、100の販売計画に対し、100の在庫が所要量になります。けれども、既に在庫が50あれば、100の販売計画に対し、さらに50用意すればいいので、所要量は50になります。在庫を考慮しない所要量を**総所要量**、在庫を差し引いた正味の必要量を**正味所要量**といいます。所要量計算では、既にある在庫を引いて、正味の所要量を計算します。

　所要量計算の対象となる販売計画は、月の販売数量なのか、週の販売数量なのか、日の販売数量なのかで数量が変わります。所要量計算上考慮する期間を**バケット**といいます。月100の販売計画に対し、前月末に在庫が50あれば、50が正味所要量になるという例は月バケットでの計算となります。

　この例では、前月末在庫が50＋当月準備在庫が50－当月販売計画100＝0となり、当月末の在庫が0になってしまいます。実際は、翌月の販売計画を満たすように計算がされます。翌月も同じように100の販売計画があれば、当月は当月所要量50＋翌月所要量100＝150が所要量となります。

基準在庫計算と統計的在庫理論

　発注計算をする際には、基準在庫を設定し、正味所要量を計算します。**基準在庫＝サイクル在庫＋安全在庫**で計算されます。

　サイクル在庫は、入庫のタイミングの期間（バケット）における正味の必要在庫量です。簡単な例でいえば、月に100個売りたいという需要

計画を立てているのなら、前月末に100個在庫があればその月の需要を賄うことができる在庫になります。上記の例でいえば、翌月所要量の100がサイクル在庫に当たります。

　サイクル在庫は未来の需要を見込んで準備するものなのです。しかし、予測はハズれる可能性があります。入庫されるまでの間、予測と実績のハズれ分を賄うだけの安全余裕分を準備しておくことが必要です。これが、**安全在庫**です。

　安全在庫は、

$$サービス率×標準偏差×\sqrt{調達リードタイム}$$

で計算されます。サービス率は欠品しないために設定される率です。標準偏差とは予測されたサイクル在庫（＝需要計画・販売計画）と実績がハズれる際のハズれ具合（＝バラつき）のことです。このバラつきが発生して、多めの出荷がきても耐えられるように計算するのがサービス率×標準偏差になります。

　さらに調達リードタイムの√（平方根）を取るのは、説明すると長くなるので統計的な計算の公理として考えてください。調達リードタイムの期間＝次に補充されるタイミングの間、バラつきをカバーするために調達期間分のリードタイムを掛け合わせる必要があると理解すれば十分です。

　実は、実務でこの計算式を使って発注しているケースは、それほど多くはありません。手作業で計算する企業も多いため、実際は次のような簡易な方法で計算します。

簡易な基準在庫計算は数バケット分の在庫を持つ

　統計理論は理解しがたいため、もっと簡易な基準在庫設定が多くの企業で運用されています。簡単に需要計画＝販売計画の「数バケット分」の在庫を持てば、在庫が切れないと考えるのです。

　たとえば、「月末に今後2カ月分の需要計画＝販売計画を在庫として持

つ」といった考えです。2カ月バケット分在庫を持てば、翌々月の販売が前倒しになっても大丈夫なのです。経験的に、こうした、「**どれくらい在庫を持てば欠品せずに、最小限の在庫に抑えられるか**」という考え方が、簡易な基準在庫です。表計算などで所要量計算を行う企業では、わかりやすいので採用されるケースがとても多いのです。

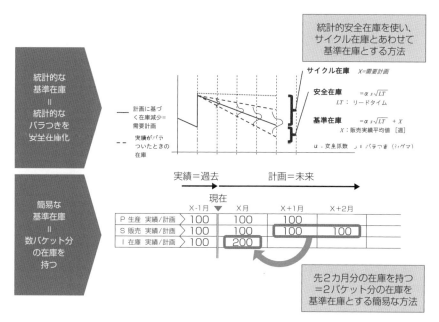

◆基準在庫の計算の仕方

発注計算の方法 ❷
発注点方式、Min-Max法、ダブルビン法
所要量計算よりも簡易な発注計算方式

発注点方式による発注計算

　所要量計算をせず、簡易に発注計算をする方法の代表は**発注点方式**です。準備された在庫が使われていって、設定された発注点を切った際に決められた定量補充をする方法です。たとえば、発注点を10に設定したら、10を切ったタイミングで設定した発注数量を注文するような方法です。

　発注点は、発注してから納入するまでのリードタイム分在庫が持てば良いので、リードタイム分の期間で消費（出荷されたり、使われたりすること）される数量で設定します。ただし、この消費される数量がバラついて予想より多く消費されると欠品するので、安全余裕分を上乗せして発注点を決めます。

　発注数量は、リードタイム内に消費される数量です。安全余裕分は発注点側に上乗せされているので、発注数量側に乗せて多くする必要はありません。発注点方式は、システムに組み込まれている場合と組み込まれていない場合があります。

欧米の基幹システムに多く搭載されていたMin-Max法

　発注点方式の一種ですが、**Min-Max法**という簡易な発注計算方式もあります。Min-Max法は、設定されたMin値を切ったタイミングでMax値まで補充数量を計算する方法です。

　このMin値は発注点に近い考え方です。Max値は設定された最大値になるように計算します。欧米の古い基幹システムによく搭載されていたロジックです。

使った分だけ補充する方法

　発注サイクルが来たら売れた分だけ・使った分だけ補充するという簡単な考え方もあります。この考え方を**補充計算型**といいます。この方法は発注のリードタイムが短いことが前提です。リードタイムが長いと、使った分だけ発注している間にさらに消費され、補充した分では足りなくなる可能性があるからです。

ダブルビン法、トリプルビン法

　ダブルビン法は付加価値の低いモノや調達リードタイムが短く、どこでもすぐ手に入るモノに使われる最も単純な方法です。

　ダブルビンとは、2つの入れ物（ビン：棚という意味です）に入った在庫を用意し、片方の入れ物（ビン）の在庫がなくなったら、次のビンを使用している間に、なくなったビンがいっぱいになるように発注する方法です。発注点法を計算ではなく、"入れ物"を使って行う方法です。ビンは発注リードタイムで消費する量を準備します。

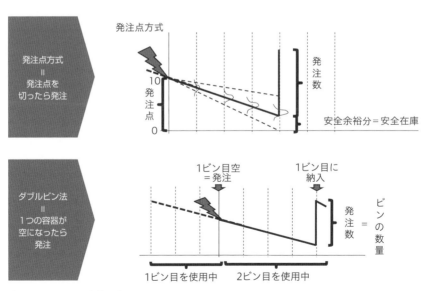

◆発注点方式とダブルビン法

ビンが2つでは、1つのビンを使い切って発注して入荷待ちしている間にもう1つのビンを使い切る恐れもあるので、もう1つ安全余裕分としてビンを用意し、3つのビンで運用するのがトリプルビン法です。

在庫に影響を及ぼす最小発注単位・最小発注金額という"まるめ"

　基準在庫や発注点方式で発注数量を計算しても、実際の購買手配では発注コストを下げたり、商取引上の取り決めがあったりするので、計算した数量そのものが発注できるわけではありません。たいていは、欲しい数量より多い発注になり、在庫に影響を及ぼします。

　そのひとつが**最小発注数量**（MOQ：Minimum Order Quantity）です。たとえば、欲しい数量が10でも最小発注単位が100になっていると100発注することになります。**最小梱包単位**（SPQ：Standard Packing Quantity）は最小発注数量の一種です。もうひとつは**最小発注金額**（MOA：Minimum Order Amount）で、金額ベースの最小発注単位となります。

　最小発注単位によって在庫が増えて責められることがありますが、最小発注単位は製造ロットサイズや輸送単位の効率性、商取引上の力関係で決まるため、物流だけでは対応しきれないルールです。

6-4 発注計算を担う組織とシステムの所在

資産管理を担う在庫管理と現品管理を担う在庫管理は識別すべし

発注計算は資産管理であって、現品管理とは切り離すべし

　物流管理について書かれた書籍を見ると、発注計算が物流機能のひとつとして解説されていることがあります。本来、発注計算を行う部門と在庫の現品管理を行う部門は分けるべきです。発注できる部門が在庫の現品まで管理できてしまうと、盗難や帳簿のごまかし、納入業者への便宜の供与とその見返りとしてのバックリベートなどが発生し、内部統制上問題となります。

　しかし、こうした内部統制を意識していない時代に自然発生的に業務を作ってきた日本企業では、いまだに物流が発注管理を行っているケースが多くあります。在庫を管理する部門が不足を見て発注したきたために、自然に物流部門が発注を担ってきた企業が多いのです。しかしながら内部統制の問題を考慮すると、発注計算を行う部門で在庫の現品管理をする部門は分けるというフレームワークをもって業務を設計すべきなのです。

　しかし、古くからある多くの日本の流通企業では、フレームワークをもって機能設計した経緯ではなく、自然発生的に倉庫部門や物流部門が在庫管理を行いつつ、補充発注まで手掛ける企業も多いでしょう。

　さすがに製造業では少なくなっていますが、いまだ物流部門が在庫管理をし、在庫数量に責任を持たされているケースもあります。

　発注するということは、企業の生産や販売に関係する資産を購入する業務であり、本来は物流の仕事ではありません。物流は現品管理を行いますが、資産としての在庫管理を行う組織ではありません。資産としての在庫とは、売ったり、使ったりするための在庫で、営業部門や生産管理部門が**在庫責任**を持って管理する在庫です。在庫責任とは、在庫の適

正化に責任を取り、在庫の過多・過小の対応を課せられることです。営業部門や生産管理部門といった在庫責任を持つ部門は、在庫滞留時には売り切る努力をしたり、処分費用を持たされたり、在庫逼迫時や欠品時には費用を負担して在庫を運んだり、追加購入をさせられたりします。

資産管理としての在庫管理は、在庫を通して企業収益や資金繰りに影響を与える組織が責任を負うべきです。在庫責任を負えるのは、営業や生産管理といった部門であり、物流ではありません。したがって、物流は資産としての在庫責任を負う部門ではなく、現品を管理し、輸配送に責任を持ち、保管と輸配送に関わるQCD目標を実現すべく、きちんと現品管理をすることがミッションなのです。

所要量計算業務と発注業務は組織を分けるべし

最近になってようやく、発注計算をして手配指示をする部門と、サプライヤーに対して購買発注を行う組織と、実際に現物・現品を扱う組織が分離され始めています。こうした機能責任の分離は、コンプライアンス上も重要です。

基本的に、発注数量を決める部門がサプライヤーに直接発注すべきではありません。発注数量を決められる権限者がサプライヤーと価格・数量・納期を直接交渉できる場合、癒着が起きるからです。同様に、**在庫資産を管理する業務と物流は切り離すべき**です。在庫の資産管理ができる組織が現品まで管理すると、改竄や不正ができるからです。

コンプライアンス上、発注計算をして発注を指示・依頼する部門（生産管理部門や営業部門）とサプライヤーに発注する部門（主に購買部）、物流部門は独立の組織でないといけないのです。

したがって、物流部門で発注計算をするのは、本来の業務機能配置からするとトリッキーな配置なのです。基本に立ち返ると、発注計算は物流部門では行わないのです。

包装資材などの補充計算は行っても良い

けれども、すべて杓子定規にいかない点もあります。包装資材などは物流部門でないと所要量がわかりません。その場合は、物流部門が所要量計算をします。しかし、このときにも物流部門が直接サプライヤーに発注依頼をするのではなく、購買部門に購買依頼を行い、サプライヤーへの発注は購買部門を通して行うべきです。さらにいうと、受け入れた包装資材は資材部門が受け入れ、物流部門からの依頼で物流部門に払い出しをするという業務機能配置が理想です。

とはいえ、これでは複雑な組織になってしまい、効率も落ちてしまいます。そもそも少ない人数で仕事を回さなければならない中小企業にはそぐわないでしょう。そうしたときは、役割分担が明確になっていて、不正や改竄が起きないよう相互に承認や監視ができる業務にしていくことで、少人数で業務が回るようにしておきます。

発注計算システムも表計算ソフトではなく、業務の記録（ログ）が残り、改竄できないパッケージが望ましいのです。

発注計算	購買発注	入 荷
生産管理部門 ●生産に関わる原材料や部品の発注計算を行う ●購入した原材料の在庫資産の責任を負う **営業仕入部門** ●営業仕入れ（商品）に関わる原材料や部品の発注計算を行う ●購入した営業仕入れ（商品）の在庫資産の責任を負う **物流部門** ●物流で使う包装資材に関わる原材料や部品の発注計算を行う ●購入した包装資材の在庫資産の責任を負う	**購買部門** ●生産管理部門、営業仕入部門、物流部門の発注計算に基づく購買依頼を受けて、購買発注を行う ●発注した品目の納期管理を行う	**物流部門** ●購買部門の発注を受けた入庫予定をもらって、入荷受入れを行う ●在庫の現品管理責任を負う

◆発注計算の機能の保持組織と在庫責任

167

SCM、ERP、MESと WMSの連動

システム機能配置はフレームワークを明確に持って行うべし

自然発生的積上げ型でシステム導入してはいけない

　発注計算を含む資産管理としての在庫管理が物流業務の一部として語られることは多いのですが、それはなりゆきでそうなっただけです。本来、発注計算などの資産管理に関係する業務は、物流の業務として認識してはいけません。前述のように、発注計算という取引と在庫の現品管理を同じ組織で行うと、改竄などの不正が起きる可能性があるため、発注計算業務を物流部門にやらせるべきではないのです。

　中小企業なら、少ない人数で仕事を回さなければならないため仕方がありませんが、少なくともパッケージシステムの導入を考えている規模の企業では、自然発生的な業務に対して、フレームワークを準備することなくパッケージシステムを入れてはいけません。

　たとえば、AさんとBさんの間で相談して決めるなど、個人のやりとりで業務のやり方を決めてしまう企業があったとします。このとき、一方はAさんが発注までこなし、他方Bさんは発注計算まで行って、発注そのものはCさんが行う、といったバラバラな自然発生的積上げ型で作ってきた業務は、業務の実行と判断、機能と責任が入り組んでおり、そこにそのままパッケージシステムを導入しようとすると大混乱をきたすか、とんでもない規模のシステム改造を要求するため、失敗する可能性が高いのです。

　業務はきれいに標準化して、責任範囲を明確化し、コンプライアンスを意識して作り上げなければいけません。また、機能の流れはきちんとフレームワークを持って構築しなければいけません。

　物流とそれを取り巻く業務との関係を明確化し、機能の役割分担をする必要があります。受注から資産としての在庫引当、出荷指示は基幹シ

ステムです。物流のシステムは出荷指示を受けて、保管している現品在庫を引き当て、出荷するまでをカバーします。

　需要計画と発注計算から購買発注までを基幹システムで担い、物流システムは入庫予定をもらって入荷受入れをし、現品を入庫計上するまでを担当します。

　ロットナンバーやシリアルナンバーなどのステータス管理は物流システムで行いますが、そのときのロットナンバーやシリアルナンバーは他のシステムから受け取ります。

ERPシステム、SCMシステムを使う場合のWMSとの関係

　発注計算を行うシステムは基幹システムと書きましたが、厳密にいうと2つの方法があります。

　ひとつは基幹システムであるERPで行う場合です。この場合は、需要計画を登録し、所要量計算をして購買発注後と入庫予定をWMSにつなぎます。

　もうひとつは、発注計算までをSCMシステムで行い、購買手配をERPに渡し、以降同様にERPで購買発注と入庫予定をWMSに渡す方法です。SCMパッケージで発注計算をしても、結果的にERPから入庫予定をWMSにつなぐ点では同じです。

　ポイントは、**発注計算機能をWMSに持たせず、既に高い機能を持つERPやSCMのパッケージで行うべき**ということです。

ロット管理におけるMESとERPの関係とWMS

　ロットナンバーやシリアルナンバー管理は、生産と購買が採番します。WMSは、生産部門や購買部門が付番したロットナンバーやシリアルナンバーを取得して管理します。

　生産に関わるロットナンバーやシリアルナンバーの採番は、通常、**製造実行システム**（**MES**：Manufacturing Execution System）で行われます。MESは、製造1単位ごとに製造ナンバーを採番してきますから、それに紐付けてロットやシリアルナンバーを採番します。MESで完成を

計上した製品はロットナンバーを持っているので、倉庫入庫時にWMSにナンバーを引き継いで管理します。

　ERPに連係するかどうかはケースバイケースです。ERPはロットやシリアルナンバーを気にせず、資産として総量引当できれば良いときには引き継がず、そうでないならば引き継ぎます。

　購買手配品は、サプライヤーが採番したロットナンバーを引き継ぎ、受入時にWMSに登録し、管理します。

　生産時にMESで採番し、倉庫入庫時にはWMSで、あるいは購入入庫時にWMSでロットナンバーやシリアルナンバーを持つことができれば、出荷時の出荷ナンバーに紐付けて、どの入荷先にどのロットナンバーやシリアルナンバーが納品されたかがわかり、トレーサビリティができます。パッケージシステムの機能をうまく連係して適切に導入していきましょう。

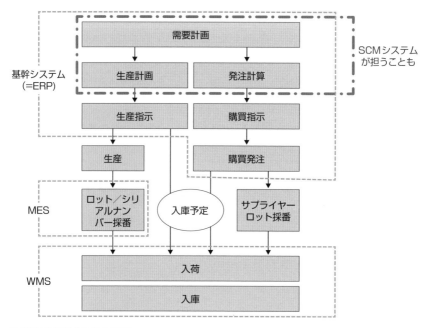

◆発注計算のシステム連動

第 7 章

トレーサビリティと
トラッキング

トレースバックとトレースフォワード

トレーサビリティとは、追跡管理のことです。トレーサビリティは、最終消費者に製商品が安全かどうかを伝える情報提供です。また、何か問題が起きたときに原因追及と対応策を考え、影響範囲を特定し、迅速に対応するための仕組みでもあります。

トレーサビリティは製商品から原材料、部品から生産、出荷、販売、最終消費まで、あるいは廃棄まで追跡を可能にします。身近な例でいえば、スーパーで売られている肉は、産地がどこで、餌が何か、遺伝子組み換えの餌が使われているかどうか、どんな薬物がどれくらい使われたのか、流通経路で問題が起きていないか、スーパーにはいつ入荷したかなどの情報を追い掛けることができます。

トレーサビリティには**トレースバック**と**トレースフォワード**という2つの機能があります。トレースバックは、遡って追跡することです。製商品に問題があったときに、どの経路を通って、どのような処理を受けたのか、どのような工程で、どのような製造条件で作られたのか、原材料は何か、といったことを遡ることができることです。

トレースの向きが逆なのが、トレースフォワードです。こちらは、原因からスタートして、発生した問題がどの範囲に影響しているのかを追跡することです。仮に原因が使用された原料にあったとしましょう。その原料と同じものを使った製品はどれか、その製品はどの流通経路を通って、どの地域に出荷され、どの倉庫にまだ保管され、どの販売店まで配送されたのかを追い掛けます。被害を最小限に抑えるため、影響範囲のすべての製品に販売停止・回収、出荷留めを行います。

トレーサビリティを実現するWMSとMESとERP連係

　トレーサビリティの起点は、原材料のロットナンバーです。入庫された原材料に付番された原材料ロットナンバーを起点に、どの中間製品に使われ、どの製品になったのかを製造ロットナンバーに紐付けて把握できるようにします。出荷されれば、製造ロットナンバーを出荷伝票ナンバーに紐付けることで、出荷先まで追い掛けられるようにします。

　原材料ロットナンバーが付番されるのはWMSです。自社でロットナンバーを振ることもありますが、サプライヤーの製造ロットナンバーをそのまま使うこともあります。製造にかかれば、**MESで採番された製造ロットナンバー**を使います。

　MESの製造ロットナンバーを遡れば、どの原材料ロットナンバーが投入されたのかを遡ることができます。またMESでは、温度、回転数、処理時間といった製造条件と作業者が記録されるので、問題が特定できます。

　製品として倉庫に入庫する際、製造ロットナンバーが付番された在庫を保管することで製造ロットナンバーがWMSでも捕捉されます。出荷指示がERPから流れてくると、**ERPの出荷伝票ナンバーと連係**して、WMS側での出荷伝票ナンバーと紐付き、どの顧客に、いつ、どのロットナンバーの製品が出荷されたのかがわかります。

　このあとはどのトラックに引き渡されたのかがわかり、物流上の経路が把握されます。こうした連係により、トレースバックもトレースフォワードもできるようになるのです。

MES・ERPでのロット管理がない場合のトレーサビリティ

　残念なことに、日本の製造業はそれほど生産管理や工程管理の仕組みがしっかりしていませんし、MESでのロットナンバー採番が仕組みとしてきちんとしていない企業も少なくありません。製造の管理は紙の台帳であるケースも多いため、WMSにロットナンバーが連係される仕組みになっていないのです。

その際は、仕方がないので、**WMS側で出荷ナンバーごとに製品の入庫日付などで管理します**。WMSさえない企業は、台帳に出荷伝票ナンバーを記録し、製品入荷日でマニュアル管理するしかありません。

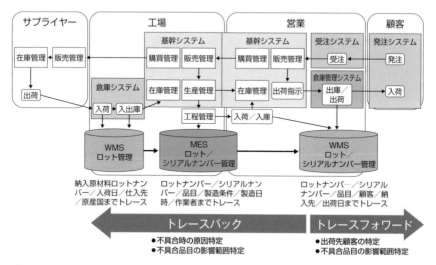

◆トレーサビリティの仕組み

7-2 物流トラッキングとは？

輸送におけるトラッキングと配送におけるトラッキング

物流トラッキングとは何か？

　物流トラッキングとは、出荷後の荷物の追跡を行い、今、荷物がどこにあって、どういう状態にあるのかといった情報を提供します。たとえば、物流センターなのか、地域デポにあるのか、お届け中なのかなどです。これは、宅配サービスでは当たり前になってきているサービスです。

　近年、お客様の要望がよりシビアになり、時間単位でいつ届くのか、あるいは、今どこにあって、いつぐらいに届くのか、といった情報を要求するようになりました。また、宅配の世界では翌日配送や時間指定配送が当たり前になりましたが、荷物の受取りが可能な時間が限られるのでトラッキング情報が役に立っています。このようなことが可能になったのは、情報技術の発達のおかげです。

　消費者向けや小口配送の業界では当たり前になった物流トラッキングですが、企業間取引でのサービス提供はまだ十分とはいえません。物流トラッキングのニーズは高いのですが、物流会社の事情だけでなく、荷主側の会社の各社各様の事情で実施できないのが実情です。

　企業にとっても、物流トラッキングができるようになると、次のような利点があります。

- 倉庫での荷物の受入準備ができる
- 遅延が把握でき、アクションが取れる
- 積送在庫（輸送中の在庫）が把握できる
- お客様への納期回答が正確になる

　特に、製品在庫が逼迫しているときなどは、顧客の督促に対して明確

な納期回答ができます。売り逃しをなくし、顧客への提供サービスレベルが上がるので、物流トラッキングの仕組みは構築したいところです。

受注オーダーと物流オーダーの紐付け

しかし、物流トラッキングはそう簡単には構築できません。購入企業、物流業者、出荷元企業の伝票ナンバーや輸送に関わる管理ナンバーを統合しないといけないからです。

購入企業にとっては、自社の発注ナンバーの荷物がいつ届くのかを知りたいです。出荷元企業にとっては、顧客の発注ナンバーと自社の受注ナンバー、出荷ナンバーを紐付けなければなりません。

その上で、その出荷ナンバーを物流会社のトラックナンバーに紐付ける必要があります。このとき、自社物流であれば自社で解決できますが、アウトソーシングしている場合は物流会社と連携しなければなりません。

国際物流になるともっと難しく、コンテナナンバーへの紐付け、船便ナンバーや航空機便ナンバーと紐付けます。混載や分納による便の分離などがあると紐付けは困難を極めます。

しかし、最近は情報技術の進展により物流トラッキングの連動も進展しています。輸送業者の中には**アグリゲーター**といって、出荷から納入先への着荷までをコントロールする物流業者も登場しており、こうした業者では出荷元から入荷先まで連携してシステム管理を実現している企業もあります。こうした企業の提供する物流トラッキング情報を活用することも可能です。

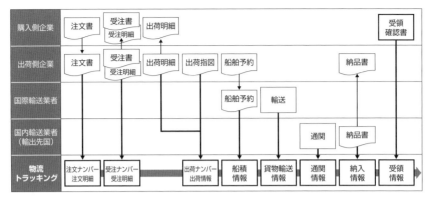

◆船舶輸送時の物流トラッキング

サードパーティ企業の提供するトラッキングデータ連係

　物流会社とは別に、物流トラッキング情報だけを管理し、提供する
サードパーティ企業も存在します。荷主の情報と各物流会社の輸送ス
テータス情報を取得し、紐付けて管理してくれる会社です。

　物流トラッキング情報を提供するサードパーティ企業は各社との情報
連係を情報データファイルで行い、データベース化して可視化してくれ
ます。トラッキング情報を可視化するシステムは、システム利用に合わ
せた従量課金型での使用料支払いであるASP（Application Service
Provider）型のサービスであることが多く、構築費用がかかりません。

第 8 章

サプライチェーン・マネジメント

サプライチェーン・マネジメントとは何か？

サプライチェーン・マネジメントは企業経営そのものである

サプライチェーン・マネジメントの目的

サプライチェーン・マネジメント（**SCM**）は、かつて小売業における店舗在庫補充の効率化の事例として紹介されたため、長い間、在庫管理と物流作業の業務と勘違いされてきました。また、モノが実際に動くサプライチェーンを管理することと考えられ、生産や調達がSCMだと解釈されたケースもあります。こうした認識によって、SCMの「M（マネジメント）」に関わる部分が無視され、SCMという名前の作業＝オペレーションと理解されてきたのです。

しかし、SCMは物流作業でも、生産・調達作業でもありません。単なる作業の効率化ではなく、企業の収益を担うマネジメントに関わる業務なのです。

改めて述べると、SCMの目的は「**連結売上・利益の最大化**」です。あえて"連結"という言葉を付けているのは、たいていの企業組織は営業や工場といった個別組織の売上・利益最大化を目的として動くため、個々に最適化を目指してしまい、企業全体で儲ける機会を損なっているからです。本社の売上が立っても、販社で売れずに在庫が滞留していたら、連結で見れば意味がありません。SCMでは常に連結視点で考えなければならないのです。

連結売上・利益の最大化のためにSCMは組み立てられます。そのためには、個別組織の作業（オペレーション）に閉じこもらず、組織を横断して売上・利益の最大化が狙えるように仕入れ、製造し、保管し、出荷・配送するための計画と実行、評価の仕組みを作り上げます。

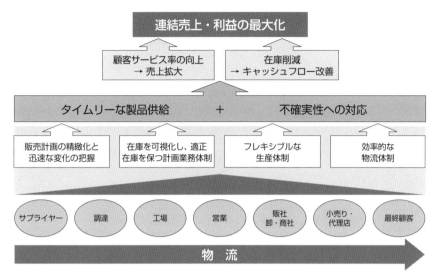

◆SCMの目的

　すなわちSCMとは、「『必要なモノを、必要なときに、必要な場所に、必要な量だけ届ける』ための構想・デザイン、計画、統制、実行の仕組み」なのです。

SCMの4つの業務機能領域

　SCMは、次の4つの業務機能領域を持っています。

①サービスとコスト構造を決めるサプライチェーンデザイン機能

　製造や倉庫の拠点をどこに置き、どのようなロジスティクスネットワークにするのかといったサプライチェーンのデザインを行う機能です。サプライチェーンの物流ネットワーク上の輸送モードを決めるのも、このデザイン機能です。

②会社の収益をコントロールする計画機能

　計画は、SCMにおいて最も重要な機能です。計画とは、長期で考える戦略や長期計画があり、3年くらいの中期で考えれば中期計画、短期で

は年度計画、月次計画、週次計画があります。計画によって、さまざまな準備がされるのですが、SCMにおいては、計画の良し悪しが会社の収益性を決めてしまうのです。

　たとえば、長期計画や予算によって設備の導入が決まり、設備生産能力や保管能力が決まります。部品の購入計画がサプライヤーと合意されればその仕入数が決まり、製品の生産可能な数量も制約されます。月々の計画で販売・生産数量や輸送数量が決まり、輸送手配や作業者の勤務シフト、人件費、製造原価が決まります。

　計画系業務は、会社の収益を決めてしまう重要な業務です。物流の輸送手配や倉庫作業の人員計画も計画業務で決まります。

③目標となるQCDSを実現する実行業務

　計画で事前に準備された枠の中で、いかにスピーディーに「必要なものを、必要な場所に、必要なときに、必要な量だけ」、正確に、安く安全に供給することができるかが勝負です。実行業務は、目標となる品質（Q：Quality）、コスト（C：Cost）、納期（D：Delivery）、安全（S：Safety）を達成する業務で、物流の業務はこの実行業務に属しています。

④SCMをさらに進化させるパフォーマンス評価の仕組み

　SCMの業務を行うにあたって、立案された計画と実行の結果がどれほどの品質をもって行われたのかを評価する仕組みがあれば、その結果に基づいてさらに自社のSCMを改善、進化させることができます。SCMのパフォーマンスを**KPI**（Key Performance Indicator：**重要業績評価指標**）として設定し、測定・評価をして継続的な改善を行います。

計画（マネジメント業務）	実行（基幹業務）	パフォーマンス評価
サプライチェーンをマネジメント＆コントロールする計画管理を行う	サプライチェーン上の実行指示と実行管理を行う	KPIを定義。見える化し、改善を促進する
● 中期計画／予算 ● S&OP ／ PSI （需要予測／販売計画 仕販在計画／生販在計画 生産計画／調達計画） ● グローバル購買契約	● 販売（受注／物流／輸出） ● 生産 ● 調達（発注／物流／輸入）	● KPI設定 ● KPI測定／評価 ● 改善指示
確実な収益の実現	効率化	継続的な改善

サプライチェーン・デザイン

供給性を担保し、原価低減を実現するサプライチェーンの業務インフラを設計する

製品開発／設計　デカップリングポイント　工場配置　倉庫配置　輸送モード設計

永続的なコスト競争力と供給力の担保

S&OP ： Sales & Operations Plan
PSI 　： Purchase/Production Sales/Ship Inventory（生販在計画・仕販在計画）
KPI 　： Key Performance Indicator

◆SCMの4つの業務機能領域

企業競争力とコスト構造を決めるサプライチェーン・モデル

サプライチェーン・モデルをデザインするのは誰か?

モノの流れをデザインするサプライチェーン・モデリング

顧客にどのようなサービスレベルとコスト構造とリスクでモノを届けるのかをデザインするのが**サプライチェーン・モデリング**です。

サービスレベルとは、即納率や納入リードタイムで測られるサービスの水準です。100%即納をするのか、95%即納とするのかで在庫のリスクや在庫保持コストが変わります。納入リードタイムも数時間なのか、1日なのか、1週間なのかで物流コストが変わります。

見込生産なら事前に製品在庫を保持しなければなりませんから、倉庫間の輸送が必要ですし、受注生産なら顧客の元にどのように輸送するのかを考えなければなりません。空輸か、海運か、陸送か、といった輸送モードも選択する必要があります。

競争力を視野に、サービスレベルとコスト、リスクの点でモノの流れをデザインすることがサプライチェーン・モデリングです。

モノの流れを再設計するためのフレームワーク

生産部門まで巻き込んだモノの流れを再設計するためのフレームワークが**デカップリングポイント**(受注分界点)です。デカップリングポイントは注文を受けるポイントであり、同時に顧客に出荷する製品の仕様の最終化がされるポイントでもあります。

たとえば、見込生産では製品在庫がデカップリングポイントです。製品倉庫が注文を受けることになります。受注生産なら、注文を受けて調達と生産が始まります。

デカップリングポイントまでは予測や計画によって在庫準備をするのでリスクがあります。しかし、あまりにデカップリングポイントを上流

化すると、受注後のリードタイムが長くなるので、顧客へのサービスレベルが悪化する可能性があります。リスクとサービスレベルとのバランスを取り、自社としてどこをデカップリングポイントとして選択するかが、まさに自社のモノの流れを決めているのです。

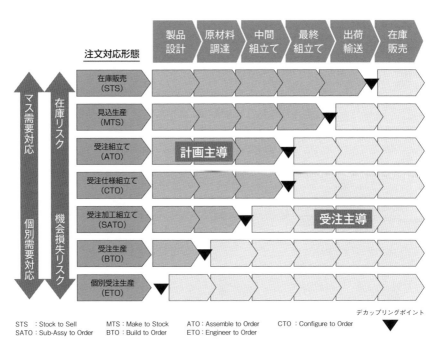

注文対応形態	製品設計	原材料調達	中間組立て	最終組立て	出荷輸送	在庫販売
在庫販売 (STS)						▼
見込生産 (MTS)					▼	
受注組立て (ATO)	計画主導			▼		
受注仕様組立て (CTO)						
受注加工組立て (SATO)			▼	受注主導		
受注生産 (BTO)		▼				
個別受注生産 (ETO)	▼					

マス需要対応 / 個別需要対応
在庫リスク / 機会損失リスク

デカップリングポイント ▼

STS ：Stock to Sell　　MTS ：Make to Stock　　ATO：Assemble to Order　　CTO ：Configure to Order
SATO：Sub-Assy to Order　　BTO：Build to Order　　ETO：Engineer to Order

◆デカップリングポイントとは?

顧客サービスと在庫リスクをバランスする販売在庫の層別配置

　受注生産や見込生産といった生産方式まで踏み込まなくても、製品在庫の受注ポイントを変えることでサプライチェーン・モデルを作り変えることもできます。**倉庫の層別定義**と**在庫の層別配置**という方法です。

　まず倉庫を層別定義します。たとえば、顧客のそばで即納を行うデポ、デポを統括してデポへ補充を行う**配送センター**（**DC**：Distribution Center）、配送センターを統括して配送センターへ補充を行う**地域配送**

センター（**RDC**：Region Distribution Center)、供給の基となる**グローバ
ルセンター**（**GC**：Global Center） といった階層を定義します。

　あわせてサービスレベルも定義します。デポは数時間のリードタイ
ム、DCからデポは毎日補充、RDCからDCも毎週補充、GCからRDC
は月2回補充といった具合です。

　倉庫が層別・階層化されたら、在庫も層別して配置します。通常は、
いくつかの条件を組み合わせて層別の要件を決めます。たとえば、顧客
許容リードタイムと出荷数量、出荷頻度などの組み合わせです。即納要
求が強く、出荷頻度が高ければデポ、逆の場合はグローバルセンターに
配置といった具合です。在庫の層別配置によって総在庫が膨れ上がるの
を防ぎ、あわせて必要な品目のサービスレベルを上げることができるの
です。

倉庫配置検討時の項目

- **出荷頻度（流速）**
- 納期（調達リードタイム）
- 価格
- クリティカリティ（必須品目）
- 保守契約
- 製品年齢
- 製品カテゴリー
- 出荷量（流量）
- 収益性
- 大きさ、重量、輸送コスト、保管コスト
- 鮮度（使用期限）
- 部品のリビジョン
- **納入許容リードタイム**
- **非在庫品**

◆倉庫と販売在庫の層別配置

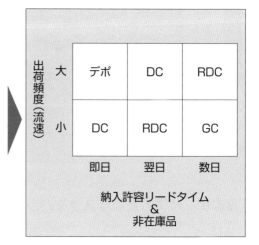

┃サービスレベルとコスト構造を決める

　このようにサプライチェーン・モデルによって**サービスレベル**と**在庫配置**が決まってきます。また、このサプライチェーン・モデルはモノの輸送ルート、輸送モード、供給元を決めるので、顧客に到着するまでの**コストの構造**を決めてしまうものなのです。

　そのため、サプライチェーン・モデルの検討には早い段階から物流部門も加わって物流ネットワークデザインの責任を果たすべきです。

サプライチェーン・マネジメントの神髄は計画マネジメント

セールス&オペレーションプラン（S&OP）とPSI

計画業務には長期計画と予算がある

計画業務のスタートは、3か年計画などの長期計画と直近1年分の予算です。長期計画や予算によって、製造拠点や倉庫などの建設、設備投資が行われます。また、販売予算、製造予算、購買予算、物流予算が決定されます。

年度の予算が決定され、販売、生産、調達、物流の各予算が月次の計画・実績対比（予実対比）の枠となります。

S&OP／PSI計画とは何か？

S&OPはSales & Operations Planの略です。あえて日本語に訳すと販売・業務計画でしょう。近年、日本に紹介された概念です。S&OPは、販売計画を起点に、生産計画、調達計画、商品仕入計画、人員計画、能力計画を立案する業務です。

この場合の人員計画は工場の人員計画、倉庫での人員計画などの必要な人の計画です。能力計画は、工場の生産能力や輸配送能力の計画です。計画の結果、売上と経費の計画が決まり、利益計画が出来上がります。S&OPは収益を視野に入れて計画を決定していくプロセスを概念化したものです。

S&OPと同義の業務が日本には古くからあります。**PSI計画**といいます。PSI計画はP：Purchase、S：Sales、I：Inventoryの略、またはP：Production、S：Sales、I：Inventoryの略で、前者を**仕販在計画**、後者を**生販在計画**といいます。

仕販在計画は、販売計画を起点に在庫計画を行い、仕入計画（＝発注計算）を行う業務です。仕入計画は他社の商品を仕入れる計画もあれば、

自社の製品を自社工場から仕入れる計画もあります。仕販在計画の立案過程では、倉庫人員、輸配送能力を計画する場合もあります。

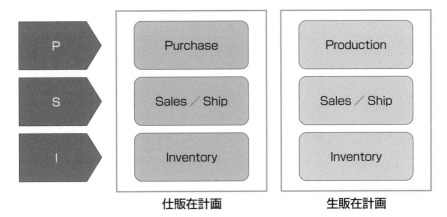

◆PSI計画とは?

　仕販在計画では、仕入れる製商品の仕入原価がわかるので、経費計画とあわせると利益計画が立案できます。多くの場合、月次業務になるので、予算を見直す（ローリングといいます）ことができます。

　生販在計画は、販売計画を起点に在庫計画を行い、生産所要量計画を立案する業務で、さらに原材料や部品の調達計画に展開し、能力計画まで立案する場合もあります。日本の家電メーカーやハイテクメーカーで古くから行われていた業務です。

　大企業では、営業組織や販社が仕販在計画を立案し、その仕入計画を受けて、工場側の販売計画と読み替えて生販在計画を立案させます。PSI計画がサプライチェーンの下流から上流に向かって計画をつないでいくイメージです。

　生販在計画で調達原材料・部品の仕入価格や、製造原価、経費が計画されます。月次計画が基本になりますから、予算のローリングになります。

S&OPプロセスが企業収益を決定し、企業戦略を実現する

S&OPのプロセスは、大きく5つに分かれます。

最初のプロセスが「**企画・開発新製品計画、終売計画の共有**」です。新製品の企画・開発計画を共有し、計画に織り込むことを指示したり、終売や生産終了を指示したり、企業としての新製品計画と製品終了を計画に織り込むのです。開発が遅れているようであれば、既存品の販売継続の指示も必要になります。あわせて計画の立案方針なども共有するプロセスになります。

続くプロセスが**需要計画**です。需要予測にキャンペーン計画で意思入れを行い、販売計画を立案します。新製品計画や終売計画も織り込んで計画します。また、数量と金額を統合して計画します。数量が予算を達成していても、金額で予算を達成していないと不十分な計画になるからです。価格の設定、粗利、販売費を確認し、売上・利益計画と経費計画を立案し、予算の達成具合を確認します。販売計画を受けて、輸配送計画と仕販在計画を立案します。販売計画も仕販在計画も営業や販社の売る責任と製品在庫責任を明確にし、このあとの供給計画＝生販在計画へのインプットになります。

3番目のプロセスが**供給計画**です。生産・調達側に責任がある生販在計画と生産計画・調達計画を立案します。供給計画は生産能力や調達上の制約があるため、制約を考慮した計画を立案します。物流の能力計画も行います。数量の計画だけでなく、工場稼働率の維持の可否、工場利益計画まで立案します。また、物流の人員能力、輸配送能力も計画し、トラックの確保や船腹の予約の調整などにつなげていきます。

もし、生産・調達上の制約や物流上の制約があって、在庫計画や販売計画を充足する供給ができない場合、4番目のプロセスである**生販調整業務**で調整します。供給制約があると、供給配分が起きます。営業の売上や企業収益に影響するので、数量と金額で確認して、最も収益性が高く、自社戦略に合致する調整を行います。能力不足の際の先行生産、能力過剰時の減産・休業などの決定も収益への影響を見ながら調整しま

す。調整結果による在庫へのインパクトおよび財務へのインパクトについてまとめます。

　5番目のプロセスとして、調整結果と財務へのインパクトを明らかにして、社長やカンパニー長といったマネジメントクラスのレビューを受け、承認を取り付けます。

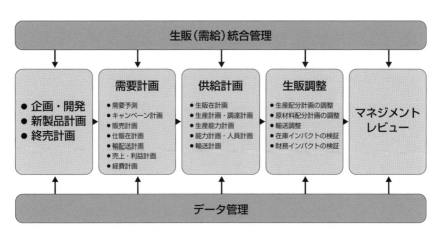

◆S&OPのプロセス

物流に影響するセールス＆オペレーションプラン／PSI

　輸配送能力が不足する場合は、一時的に在庫過多になるものの前倒し出荷計画を意思決定するか、緊急輸送で空輸などのモード併用を行うか、あるいは物流費が上がったとしても、何とか輸送能力を確保するなどの調整を行います。

　倉庫のキャパシティを超える場合は、借庫の意思決定、不動品・低流動品の移庫の意思決定を行います。需給調整は収益に影響する意思決定を伴うので、関係部門が一堂に会して、調整を行います。

　最後に、企業や事業のトップに計画を承認してもらいます。企業収益に直結する計画である上に、需給調整結果によっては割りを食う部門が出てくるので、トップの承認と指示がないと揉めるからです。

SCM組織とは何か？

　こうしたプロセスを回すために、SCM全体を統括し、需給と統合して計画推進する組織が必要になります。かつては、こうした業務が整理されないまま、組織先行でSCM組織を設定して失敗した企業がたくさんありましたが、きちんとプロセスを定義すれば必要な機能が明確化し、SCM組織の必要性が明確になります。

日本企業は一度失った生販統合体制を再構築すべし

　S&OPプロセスはPSI計画と同義です。あえてS&OPという名前で逆輸入されてくる事態が生じている原因は、日本企業がこうした組織横断の計画立案の機能を喪失しつつあるからです。SCMは組織を横断して計画を統合し、企業戦略を実行し、事業収益を決定する計画です。改めてPSI計画やS&OPを再構築する必要性が生じているのです。

8-4 サプライチェーン・マネジメント システム導入の留意点

需要予測、サプライチェーン・プランナーとERPの関係

▍SCMシステムの全体像と連係

SCMを実現するためには、需要予測−販売計画−仕販在計画−生販在計画−生産計画−調達計画−輸配送計画（配車計画）を連係させる必要があります。需要予測は統計予測システムを使うケースが多いのですが、簡易なシステムを自作することもあります。

需要予測結果を受けて、**販売計画**を立案します。販売計画は、キャンペーンなどの特殊需要を盛り込んだ、意思を持った計画とします。販売計画専用のシステムもありますが、通常は次の仕販在計画・生販在計画を支援するシステムに組み込まれていることもあります。仕販在計画・生販在計画を支援するシステムは、**サプライチェーン・プランナー**（**SCP**：Supply Chain Planner）といいます。日本ではPSIシステムといわれることもあります。

仕入商品しか扱わない場合は、仕販在計画が所要量計算（＝発注計算）を行い、調達手配として購買発注のインプットになります。製品の仕入れを行う場合は、生販在計画の結果、製品の仕入計画＝補充計画が行われ、製品生産要求が生産計画として小日程計画のインプットになります。

また、販売計画や受注、出荷指示を受けて配車計画を行うのがTMSになります。ここまでを**計画系システム**といいます。

小日程計画を受けて所要量計算を行い、購買指示や製造指示を出すのがERPです。購買指示や生産指示を受けて入庫予定ができたあと、引き継いで入庫や保管を行うのがWMSです。生産実績の入庫はMESから連係されます。ERPやMES、WMSは業務実行をするので、実行系システムといわれます。

統計予測を担う需要予測システム

需要予測システムは158ページで述べたように、統計的需要予測システムを使います。統計的需要予測システムはパッケージとして売られているものも多くあります。また、統計解析ソフトや表計算ソフトを改造して使っている企業もあります。

パッケージが良いか、改造したものが良いかというのは一概にはいえませんが、自社に合ったシステムを構築しなければ使われることはないので注意が必要です。

仕販在計画、生販在計画を担うSCP

SCPには、単に仕販在計画、生販在計画のPSIを連鎖して計画するだけのものと、輸送制約や倉庫のキャパシティ、生産能力制約、原材料・部品の調達制約を加味して計画する制約考慮型のシステムもあります。制約考慮型のSCPは高価です。

計画の結果から、売上・利益を計算することも可能なSCPもあります。さらに、供給が逼迫した際に最も利益率の高い客先や製品の計画を優先することが判断できる情報を提供できるシステムもあります。

SCPは単なる数字の連鎖に見えるのですが、複雑なデータベースが必要なため高価なシステムになります。海外製のSCPパッケージは高価で、日本製のほうがリーズナブルです。一方、あまりに高価なので自社で作ったり、表計算ソフトを改造して使ったりしている企業も多くあります。

SCMの実行系を支えるERP、WMS、TMS

実行系システムには、ERPとWMS、輸配送管理を行うTMSがあります。ERPとWMSは一般化しましたが、TMSはなかなか一般化しません。相変わらず表計算ソフトが使われ、職人的に処理されています。業務の標準化も遅れていて、パッケージ導入は難しいものがあります。

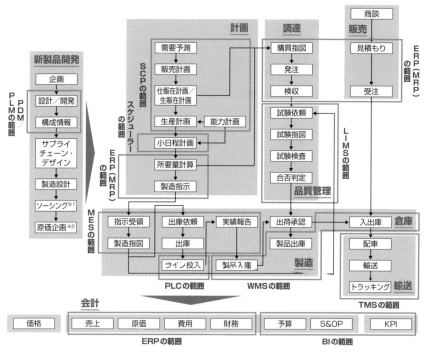

PDM：Product Data Management PLM：Product Life cycle Management PLC ：Programmable Logic Controller
LIMS：Laboratory Info. Management System BI ：Business Intelligence

※1 原材料や部品、サプライヤーを選定すること
※2 設計を見直したり、原材料や部品を見直したりしてコストダウンを行うこと

◆SCMを支援するシステム群

物流DX:ビッグデータ、需要予測、AIの活用方法と限界

モデル問題とサンプル数制約があるが、AIが物流を革新していく

物流領域にビッグデータ解析を使うのならモデル化が必須

IoTセンサーの普及もあって、物流領域でのデータ蓄積が進み、**ビッグデータ解析**ができそうだと思う人も多いでしょう。

ビッグデータ解析は、データを蓄積し、収集されたサンプルデータの厚さで分析精度を上げ、人が気付かなかったデータの相関関係や因果関係などを分析しようというコンセプトです。

しかし、実態はそう簡単ではありません。データを収集するためには、分析に必要なデータを仮説的に定義する必要があります。

そもそも取ることに意味のあるデータか、取っても意味のないデータかを事前に識別する必要があります。取るべきデータを定義しないと意味のないデータを集めてしまいます。不要なゴミデータをいくら集めても、解析結果はゴミになるだけです。

また、データ間にある相関関係や因果関係の仮説も必要です。特に、ビッグデータ解析では因果関係のモデル化が必要です。つまり、「あるデータが発生すると、ある事象またはデータが発生する」状況を導く必要があるということです。相関関係だけを導いても、単に関係があるだけで、因果関係までは言及できません。

データ間の因果関係のモデル化ができないと、「風が吹けば桶屋が儲かる」というとんちんかんな論理に行きつきかねません。ビッグデータ解析や、IoTの進展によるデータ収集の革新によるビッグデータ解析への貢献は、あまりないというのが実態です。

システム担当としては、検証されたモデルのないビッグデータ解析やIoTデータ収集は無批判に受け入れず、論理性のないデータ集収、解析は疑問を差し挟まないといけません。

サンプルデータの制約が分析結果に影響する

　また、サンプル数の少なさは分析結果に影響します。IoT センサーなどで数万、数十万といったデータサンプルが取れれば、サンプルデータが母集団を代表しているということができます。しかし、ビジネス上集められるデータがせいぜい数十、数百程度であれば、統計的に意味のある分析はできません。

　少なくとも数千のデータサンプルが取れない場合、あまり意味のある分析ができないので、そうした作業を取り止める勇気が必要です。ムダな作業を避けるためにも、過度な期待をしないことも重要なのです。

物流領域に統計的需要予測は使えるか？

　データサンプルが少ないという点で**統計的需要予測**も問題があります。サンプルデータ数が少ない需要予測という業務はさほど精度が上がらないからです。

　精緻な予測値ではなく、参考値や低精度でも使う意味がある場合だけ、統計的需要予測を活用するにとどめましょう。

　たとえば、N社では荷の需要予測によって倉庫作業者の人員計画や借庫、荷の移動を計画しようといった案件が持ち上がったとします。この場合、検証の結果、予測は当たらず、むしろ荷主や営業の予定や人による事前計画を使ったほうが安上がりで、そこそこの効果が出せることがあります。

　もちろん統計的需要予測も使える場面はあるので、精度と効果のバランスで活用を判断します。ただし、盲目的に統計予測は必ず当たると思い込むことだけはやめましょう。

物流領域にAIは使えるのか？

　人工知能（AI：Artificial Intelligence）は、ソフトウェア自体の自己学習によって因果関係や処理ロジックを経験的・学習的にソフトウェア自らが構築していくものです。AIもデータのサンプル数に依存し、学習

のケース（データ数）が少ないとロジックが成立しません。それでも、簡単なロジックであれば、構築できる可能性もあります。

　たとえば、画像処理で"人間"を識別することを学ばせ、車両などを自動停止させて事故を防ぐといったことです。地面に寝ていても、丸くなって小さくかがんでいても識別可能で、工事車両などでは実用段階にあります。今後さらに進展することが予想されるため、物流システムにAIを組み込む余地は大いにあります。

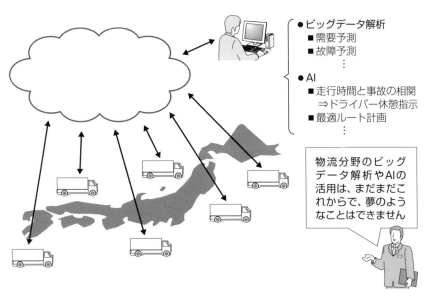

- ビッグデータ解析
  - 需要予測
  - 故障予測
    ⋮
- AI
  - 走行時間と事故の相関
    ⇒ドライバー休憩指示
  - 最適ルート計画
    ⋮

物流分野のビッグデータ解析やAIの活用は、まだまだこれからで、夢のようなことはできません

◆ビッグデータ、需要予測、AIの活用

198

第 9 章

WMSの機能と
導入時の留意点

WMSの機能 ❶
全体像と入荷・入庫機能

WMSの基本機能と付帯機能

WMSの基本は入出庫・荷役機能と保管機能

WMS（Warehouse Management System）は倉庫業務を担うシステムです。WMSは、パッケージシステムが各社から出されています。基本となる機能は倉庫の業務管理上必須となる**入出庫・荷役機能**と**保管機能**です。

ただし、パッケージによっては、発注計算や輸配送の料金計算、売上の請求管理機能を備えています。これらの機能があるのは、現状の業務をベースに追加された機能を取り込んでパッケージ化したためです。発注計算や料金計算、売上の請求管理は本来のWMS機能ではありません。

本書では、発注計算には触れましたが、料金計算、売上の請求管理については本来の物流機能ではないため触れていません。もし、ERPに物流業務の料金計算が実装されていない場合は、どこかでカバーする必要があるため、まれにWMSに実装されていることもありますので注意してください。

また、流通加工のような付帯作業は本来のWMS機能とは異なりますが、倉庫の荷役業務の一環として発達してきたことから、製造行為とは認識せずに行われていることもあるため、本書ではWMS機能の一種と捉え、解説することにします。

基本機能

●入出庫機能
 ■入荷・入庫機能
 ■出庫・出荷機能
●荷役機能
 ■移庫
 ■流通加工
●保管機能
 ■現品管理機能
 ■ステータス管理機能

WMSによって、上記以外の機能（発注計算
や料金計算など）が用意されていることがあ
るが、倉庫管理の本来の機能ではないので、
WMSで持つべきかどうか検討が必要

◆WMSの機能

入荷・入庫機能の一覧

WMSには、次のような入荷・入庫機能があります。

①入庫予定データ取込み

発注や転送指示の結果、倉庫に入庫される品目と入庫日、数量を事前に取得します。これを**入庫予定**といいます。

本書では、入庫と入荷を明確に分けて使っています。

入庫は検品し、合格した荷を倉庫に受け入れて計上することです。したがって、倉庫業務としては入庫予定があれば処理ができます。

一方、入荷は荷の納品までで、検品前もしくは受入前で倉庫に入庫される前の状態です。しかも、入荷時点では受入合格もしていない状態ですし、入庫が確定していないので、単なる預かり在庫と位置付けます。資産移動も起きず、買掛債務も発生していない状況です。

もし、WMSに入荷と入庫の明確な機能の切り分けがあれば、荷は受け取ったがまだ検品待ちなどで受入前の預かり状態が「入荷」、検品・受入後、倉庫入庫されて自社の利用可能在庫に計上することを「入庫」と

定義します。

　業務プロセスによっては、入庫後に検品をして、入庫品に返品処理を
かける場合もあります。このときは、入荷即、簡単な外観検査で入庫し、
検査待ち（非利用可能在庫）ステータスを割り振ります。検品後に良品
は利用可能在庫に振り替え、不合格品は、出庫返品や出庫後廃棄などの
決まった処理をしていきます。

　入庫予定データの取得は、入庫予定を基幹システム側から取得して、
チェック、検品、入庫予定消込をできるようにするための準備です。

②入庫予定登録

　入庫予定データをWMSに登録します。ハンディターミナル（HT）が
ある場合は、入庫予定データをHTに送信します。

③入庫予定表

　入庫予定表を一覧表示する機能です。入庫予定表を紙で印刷して受入
れに利用する場合は印刷できる機能が必要です。

④検品

　入荷・入庫された荷の受入可・不可を判断する機能です。まずは、入
庫予定データ通りの品目、数量かをチェックします。紙を打ち出して、
紙にチェックした結果を「受入可能」としてWMSに入力するか、また
はHTでバーコードを読んで該当品かどうかをチェックします。HTで
チェックした受入可否データはWMSに転送されます。数量は、WMS
端末やHTに原則手打ちで入力します。

⑤入庫登録

　入庫したら、入庫実績を登録します。入庫実績データとして保管機能
に引き渡されます。このとき、入庫ステータス管理で必要な、入庫日、
ロットナンバー、サプライヤー、原産国なども登録します。

⑥入庫一覧表

入庫実績の一覧を表示または印刷する機能です。

⑦入庫予定・実績差異リスト

入庫予定と入庫実績の差異のリストを表示または印刷する機能です。

入荷・入庫
機能

- ●入庫予定データ取込み
- ●入庫予定登録
- ●入庫予定表
- ●検品
- ●入庫登録
- ●入庫一覧表
- ●入庫予定・実績差異リスト

入荷と入庫は業務的に違う。倉庫管理としては入庫がWMS管理対象業務であるのに対し、入荷は資産上の荷受けで、WMS上での処理とはならない。しかし、WMSによっては入荷としていったん荷受けし、入庫と切り分けているものもある。あるいは、入荷や入庫をきちんと定義せず曖昧に使うケースもある。確認が必要

◆WMSの機能：入荷・入庫機能

WMSの機能❷
出庫・出荷

状況に応じてさまざまな処理に対応する出庫機能

出庫・出荷機能は意外と多くの機能を持つ

出庫・出荷機能は入荷・入庫に比べて多彩です。在庫のステータスを参照しながら出荷可否を判断する引当が関係しているためです。

また、入荷・入庫と同様に、出庫と出荷の機能の定義と切り分けが必要です。出庫は倉庫からの荷出し、出荷は企業からの荷出しで、出荷は売上の請求に結び付く機能です。出庫したが出荷していないケースもありますから、言葉は厳密に使い分けましょう。

出庫・出荷機能の一覧

出庫・出荷には、次のような機能があります。

①出荷指示データ取込み

基幹システムから出荷指示データを取得します。

②出荷指示登録

取得した出荷指示を登録します。基幹システムの出荷指示データにロット指定、シリアルナンバー指定などの指示があれば、WMS側に引き継ぎます。

③出荷指示一覧

出荷指示一覧を表示または印刷する機能です。

④出庫指示

出荷指示を出庫指示に変換します。

⑤引当指示

出庫指示を引当指示に変えます。出庫指示にあるロット指定やシリアルナンバー指定などに従って保管されている在庫を引き当てる指示を出します。

⑥引当

WMS上の理論在庫を引き当てます。先入れ先出しなどのルールがあればルールに従って引き当てます。出庫留め品や期限切れ品などの利用不可能在庫は引き当てません。引当がされたら、在庫ステータスを引当済みとします。

⑦引当不可一覧

出庫指示に対して、引当不可だった出庫指示の一覧を表示または印刷します。

基幹システム上では資産管理しかせずに総量引当を行う場合、基幹システム側で引当可能でも、WMS側で期限切れやロット逆転防止などで現品在庫が引き当てられない場合があります。その際、WMSで引当不可が発生するため、引当不可出庫指示を抽出し、引当不可一覧を出力して、入荷の督促や納期調整などの対応ができるようにします。

⑧引当一覧

引当された出庫指示の一覧を出力または印刷する機能です。

⑨ピッキング指示とピッキングリスト

引当ができたら、ピッキング指示を出します。ピッキングリストとして表示、印刷、HTへの転送を行います。

出庫指示ごとにピッキングを行う出荷指示ごと（オーダーごと）ピッキングリスト、トータルピッキングを行う品目別ピッキングリストなどがあります。

また、ピッキングリストはピッキング方法によりさまざまなリストを作成・出力します。出荷先別ピッキングリスト、運送会社別に集約した

ピッキングリスト、ロケ別に効率良くピッキングできるロケ別ピッキングリスト、ピッキングと配膳を同時に行うマルチピッキングリストなどです。

ピッキングを正確に行うためには、ピッキングリストをチェックリスト化して、ピッキング時に作業者がピック終了のチェックをしたりできるようにします。HTを使っている場合は、ピッキング時にリストのバーコードと棚のバーコードを読んで突き合わせ、ミスをなくすこともできます。

デジタルピッキングのような電子的にピッキングすべき棚と品目を表示する場合は、ピッキング指示に基づき、棚にライトを点灯させます。

⑩出荷検品作業指示書

ピッキングした荷の検品を指示する機能です。

⑪出荷検品

トータルピッキングなどで品目単位にピッキングした場合、出荷先ごとに荷を配膳しなければなりません。適正に出荷先ごとに配膳できているかをチェックします。HTがあれば、HTでチェックします。

⑫出庫実績登録

出庫実績を登録します。引当済在庫ステータスが出庫済みに変換されます。HTを利用してピッキングしている場合は、ピッキングした時点で出庫処理が行われます。

⑬出荷登録

出庫し、出荷先単位にまとめられた荷の出荷登録をします。

⑭出荷一覧

出荷先ごとに出荷一覧を作成します。

⑮出荷ラベル出力

出荷品に添付するラベルを印刷します。

⑯名寄せ、方面別帳合い

荷積みのために、出荷先ごとや出荷先の方面ごとに集約する機能です。

⑰納品書、納品受領書、送り状出力

荷と一緒に出荷先＝納入先に渡す納品書、納品したことを証明する納品受領書、トラックドライバーが輸配送したことを証明する送り状を印刷します。

こうした一連の書類（伝票）が顧客指定の場合、顧客指定伝票に印刷をします。

⑱出荷登録

荷がトラックに引き渡されたら、出荷登録をします。出荷実績は基幹システムに送信します。売上の計上が出荷基準の企業はこのデータをもって売上計上し、請求処理を行う準備をします。売上計上が着荷基準の企業は、納品受領書の回収をもって売上計上します。みなし着荷基準の企業は、出荷後のリードタイムで着荷みなしとして売上計上します。

出庫・出荷機能	●出荷指示データ取込み	●出荷検品
	●出荷指示登録	●出庫実績登録
	●出荷指示一覧	●出荷登録
	●出庫指示	●出荷一覧
	●引当指示	●出荷ラベル出力
	●引当	●名寄せ、方面別帳合い
	●引当不可一覧	●納品書・納品受領書・送り状出力
	●引当一覧	●出荷登録
	●ピッキング指示とピッキングリスト	
	●出荷検品作業指示書	

◆WMSの機能：出庫・出荷機能

WMSの機能❸
荷役作業と流通加工

倉庫管理上の付帯的な作業と流通加工という付加価値作業

入荷・入庫、出庫・出荷以外の荷役作業と流通加工がある

　倉庫作業には、さまざまな付帯作業があります。主に移庫やロケーション移動に関わる業務と流通加工です。

　移庫には、**倉庫移動**（倉移し）と**ロケーション移動**があります。倉庫移動は基幹システムからの転送指示を受ける場合と、単に隣接倉庫間での移動をするだけでWMS上での倉庫移動で済む場合があります。ロケーション移動は倉庫内の保管場所移動です。WMS上での倉庫移動はロケーション移動の大規模なものと考えても良いでしょう。

　基幹システムから転送指示がくるときには、倉庫が離れている場合や倉庫の在庫資産管理の組織が変わるといった資産管理上の変更が起きる場合が大半です。たとえば、センター倉庫から地域倉庫への転送指示や地域倉庫からデポ倉庫への移動などです。

　WMS上で起きる倉庫移動は、倉庫都合での移動が主です。倉庫が満杯で外部に借庫した際の移動だったり、大量の入庫予定がきたのでスペースを空けるためのロケーション移動だったりといったケースです。

荷役作業の機能一覧

　荷役作業には、次のような機能があります。

　なお、転送指示を受けたあとの引当、ピッキング、倉庫移動やロケーション移動を登録したあとの引当、ピッキングは出庫・出荷と同じ機能なので省略します。

①転送指示データ取込み

　基幹システムからの転送指示データを取り込みます。なお、基幹シス

テムでの指示に当たるため、入庫先倉庫への入庫予定は基幹システムから送信されます。

②転送指示登録

転送指示を登録します。以降、出庫指示となり、出庫・出荷と同じ流れになります。

③倉庫移動（倉移し）指示登録

倉庫移動の指示を登録します。以降、出庫指示となり、出庫・出荷と同じ流れになります。

④移動先倉庫への入庫予定の送信

移動先倉庫への入庫予定を送信します。移動先倉庫では、この入庫予定をもって入庫作業を行います。

⑤ロケーション移動指示登録

ロケーション移動の指示を登録します。このあとの引当、ピッキングは出庫と同じです。

⑥ロケーション移動指示書出力

ロケーション移動指示書を出力します。ピッキングリストも含まれますが、違いは入庫先ロケーションが指示されることです。

⑦ロケーション変更完了登録

ロケーション移動の入庫をもって完了です。入庫処理と同じです。

荷役作業機能

- ●転送指示データ取込み
- ●転送指示登録
- ●倉庫移動（倉移し）指示登録
- ●移動先倉庫への入庫予定の送信
- ●ロケーション移動指示登録
- ●ロケーション移動指示書出力
- ●ロケーション変更完了登録

入出庫も荷役の一種だが、重要な機能として個別に機能定義を行うことが普通であるため、本書では荷役とは分けて記述する

◆WMSの機能：荷役作業機能

流通加工の機能一覧

　流通加工は製造作業になります。倉庫荷役というより製造行為になるため、本来はWMSではなく生産管理のシステムを使うべきですが、そうした大規模なモノでない場合、WMSで機能を構築する場合もあります。次に挙げるものが、流通加工の機能になります。

①加工指示登録

　流通加工の指示書を登録します。

②加工指示書の出力

　加工指示書を出力します。

③資材出庫指示の登録

　包装材料などの出庫指示を登録します。

④包装材出庫指示書の出力

　包装材出庫指示書を出力します。

⑤加工実績の登録

加工実績を登録します。

流通加工機能	●加工指示登録 ●加工指示書の出力 ●資材出庫指示の登録 ●包装材出庫指示書の出力 ●加工実績の登録 流通加工は製造行為のため、本来は生産管理としての機能を持つシステムを利用すべきだが、特殊包装への"巻き直し"や値札貼り程度の軽作業であれば、流通加工として機能をWMSで持っている場合もある

◆WMSの機能：流通加工機能

WMSの機能❹
保管

さまざまな保管ステータスの管理と棚卸作業

現品管理とステータス管理

保管機能の基本機能は**現品管理**です。数量が正しく、かつロケーションが正しく保管されていることをシステムで照会できるようにします。また、保管に関わるさまざまな在庫の**ステータス管理**を行います。高度な保管を行うには必須の機能です。

保管機能の一覧

保管には、次のような機能があります。

①在庫照会

特定品目の在庫の有無を照会する機能です。

②荷主別在庫照会

荷主別の在庫を照会します。この機能は荷主に限らず、営業部門ごとに在庫確保をしている場合の確保組織別在庫照会も含みます。

③ロケーション在庫照会

ロケーションごとの在庫を照会します。

④ステータス管理

在庫のステータスを管理します。在庫ステータスには、4-3で説明した通りさまざまなものがあります。ロットナンバー、シリアルナンバー、入庫日、使用期限、原産国などのデータを保管在庫に持たせます。ステータスを指示した引当・出庫をしたり、ステータス別の在庫を抽出・

照会したり、アラートを出すためのデータ管理になります。

⑤ステータス別在庫照会

　ステータス別の在庫を照会します。たとえば、同一原産国の原料在庫を一括照会するときなどに使います。

⑥在庫数量アラート

　在庫が過小になっている、過剰になっている、といった数量に関わるアラートを出す機能です。

⑦欠品アラート

　欠品している在庫のアラートを出します。

⑧在庫ステータスアラート

　ステータス管理をしている在庫で、ステータスに対し問題がある場合、アラートを出す機能です。たとえば、入庫から6カ月以上滞留している在庫の滞留アラート、使用期限が迫っている期限リスクアラート、あるいは使用期限が切れている在庫の期限切れアラートなどを表示する機能です。

⑨各種在庫一覧

　各種在庫の一覧を表示、リスト印刷をする機能です。荷主別在庫、ロケーション別在庫、在庫数量アラート在庫、在庫ステータスアラート在庫の一覧を出力します。

⑩欠品一覧

　欠品している品目の一覧を出力します。

⑪ロケーション一覧

　倉庫のロケーション一覧を出力します。

213

⑫空きロケーション照会

空いているロケーションを照会し、出力します。

⑬在庫受払表

入出庫履歴と在庫の変動を在庫の受払表として出力します。

⑭棚卸表（棚卸チェック表・現品票）

棚卸を行うための帳票を出力します。

⑮棚卸処理

HTで棚卸する際は、棚卸表データをHTに転送し、HT内を使って棚卸を行う機能です。

⑯在庫調整

棚卸の結果、在庫差異が発生していたときに、WMS側で在庫調整を行う機能です。基本的に現品在庫を正として、在庫数を調整します。

⑰在庫証明書

在庫の数量を証明する書類を出力します。

⑱出庫留め登録

在庫の出庫を制限する機能です。たとえば、検査待ちで良品となっていない在庫の出庫留め、期限切れ品の出庫留めなどの機能です。基幹システム側でステータス指定の引当をせずに総量引当だけをしている場合、出庫留めをWMS側できちんと行わないと、本来出荷してはいけない在庫が出荷されてしまう可能性があります。そのため、出庫留め機能は重要な機能です。

●在庫照会	●ロケーション一覧
●荷主別在庫照会	●空きロケーション照会
●ロケーション在庫照会	●在庫受払表
●ステータス管理	●棚卸表（棚卸チェック表・現品票）
●ステータス別在庫照会	●棚卸処理
●在庫数量アラート	●在庫調整
●欠品アラート	●在庫証明書
●在庫ステータスアラート	●出庫留め登録
●各種在庫一覧	●在庫振替処理
●欠品一覧	●在庫名義振替処理

保管機能

◆WMSの機能：保管機能

⑲在庫振替処理

　保管されている在庫の保管形態などを変えて再保管する作業が在庫振替です。たとえば、まとめ品をバラ品に仕分けて再入庫するなどの場合、あるいは品質管理部門によって使用期限延長を受けた在庫の使用期限延長振替作業などのステータス変更があります。

⑳在庫名義振替処理

　荷主が特定されている在庫を別な荷主の所有に振り替えたり、ある営業担当者が確保している在庫を他の営業担当者の確保に振り替えたりして、在庫の名義者を変更する機能です。

在庫ステータスなどのデータ取得時の留意点

　WMSで在庫ステータスを管理する際、ステータスに関わるデータをどこから取得することになるかによって、データ転送で済ませるのか、それとも入力が必要なのかが変わってきます。

　たとえば、生産管理でロットナンバーが振られていないとトレーサビ

リティができないので、倉庫の自衛策として出荷ナンバー管理に対する出荷品目の入庫元と入庫日付で管理する台帳を作る必要性が生じます。こうしたデータはWMSに手入力するか、外部で台帳管理するか、判断が必要です。

　また、原産国などがデータで取得できない場合、サプライヤーからの申請を受けて、入庫・保管された在庫に原産国を手入力しなければならない場合もあります。もし、入力データが膨大である場合は、表計算ソフトやCSVデータなどのファイルアップロード機能も必要になります。逆に、リスト出力でもファイル出力が必要になるケースもあるでしょう。

9-5 WMS導入時の留意点

業務設計や他システムとの連係などに注意が必要

WMSの導入には失敗が多い

せっかく大金をかけてWMSを導入したにもかかわらず、機能が不十分で、膨大な間接工数が必要になったり、導入までに長期間かかり、その間費用が膨らんだりするなど、WMSの導入には意外と失敗が多いものです。

WMS導入がうまくいかない原因には、倉庫業務の標準化の遅れと業務設計の不備、余った人材を当てる片手間での導入、他システムとの連動を理解しないWMSに閉じこもった独りよがりの導入、パッケージやベンダーの選定ミス、低レベルなプロジェクトマネジメントなどがあります。

■ WMS導入時によくある失敗
- 使えないWMSの導入
- 莫大な追加開発

■ WMS導入の主な失敗の原因
- 倉庫業務の標準化の遅れと業務設計の不備
- 余った人材を当てた片手間での導入
- 他システムとの連動を理解しないWMSに閉じこもった独りよがりの導入
- パッケージやベンダーの選定ミス
- 何でも受け入れてしまい高コスト化
- 低レベルなプロジェクトマネジメント

■ WMS導入時の留意点
- 倉庫業務の業務設計をきちんとすべし
- 倉庫業務のベテランと改善意欲のあるエースを投入すべし
- 他システムとの連係を明らかにすべし
- 適切なパッケージと習熟したベンダーの選定を行うべし
- 何でも受け入れず、追加開発要求への適切な対応をすべし
- 熟練したプロジェクトマネージャーを参画させるべし

◆WMS導入時の注意点

原因は1つとは限らず、複合的になっていることもあります。きちんと対応しないと、毎回失敗することもあります。それぞれ対応策を考えていきましょう。

▎倉庫業務の業務設計をきちんとすべし

　WMSの導入を行うには、**倉庫業務がきちんと標準化されている**必要があります。業務がきちんと定義され、業務フローが作成されて、作業標準書が整備されていないと、要件定義で混乱し、まともなシステム機能要件がまとめられなくなります。

　しかし、多くの企業では、そうはなっていません。業務フローが存在しない、ずっと昔に作られた作業標準書で誰も見向きもしないといった状態が多く見られます。属人化し、ベテランがいないと作業が回らないというのが日本の物流現場です。

　この状況でのWMS導入は困難を極めます。どのような業務が行われているのかわからないところにWMSを入れようとすると、複雑怪奇な現状の焼き直しになり、莫大なコストがかかります。あるいは、パッケージ標準そのままで、「業務をパッケージに合わせろ」といわんばかりに強引に導入した結果、結局使えずにムダな手作業が増えて困るといった事態を引き起こしたりします。その結果、多くのムダな作業を作業者に要求するのです。

　これでは、何のためにWMSを導入したのかわかりません。せっかくシステムを入れるのですから、自社の倉庫業務を可視化し、問題点を解決し、あるべき標準業務をきちんと定義すべきです。

　定義された標準業務は、業務フローと作業標準書に落とし込みます。システム化を検討するのはこのあとで、どの業務をWMSで行い、どの業務をシステムを使わずに人が行い、どの業務をWMS以外のシステムで行うのかを明確にします。その上で、WMSを選び、標準機能にない場合にどうすべきかを検討し、規模を膨らませないように注意しながら必要十分な仕組みにしていくのです。

　自社の業務が標準化され、定義されていないような職場にWMSを導

入するのは困難です。WMSを入れさえすれば管理レベルや業務レベルが上がるというのは幻想にすぎません。まずは自社の業務を標準化し、きちんと業務設計をしておくことが先決なのです。

倉庫業務のベテランと改善意欲のあるエース

　WMS導入に際し、手が空いている人をメンバーにする企業も多くあります。これは失敗の元です。

　本来、業務を決め、システムを入れるというのは、高度な業務知識とシステム化への判断力が必要な仕事です。業務をよく知った上で、仕事を良く変えていきたいという意欲がない人がプロジェクトに参画しても足手まといになるだけであり、良いものは決してできません。

　したがって、WMSプロジェクトには**社内のエースを投入**して、きちんとしたシステムを作っていく必要があります。

　また、多くの場合、仕事のやり方やシステムが変わることには抵抗が伴います。ですから、エース格の人が決めた業務やシステム処理なら大丈夫との安心感を与えるとともに、多少の強引さをもって推進しなければならないのです。必ず、倉庫業務をよく知るエースを参画させるようにしましょう。

他システムとの連係を明らかにすべし

　失敗の原因の中でも大きなものが、他システムとの連係が不明なまま導入を進めることです。倉庫単独でWMS導入をする際、倉庫に閉じこもって機能定義がなされ、他の業務やシステムとの連係が妄想や思い込みで進んでいる事例も散見されます。

　たとえば、大規模プロジェクトでWMS導入チームと打ち合わせをすると、「そちらでこういう業務をしてくれると思っていた」「伝えていなかったけど、こちらはこういう仕事をそちらにしてもらわないと困る」「こういうデータがくると思っていた」といった会話のオンパレードになることが多くあります。

　倉庫単独では仕事ができないはずなのに、他の組織やシステムとの連

携に目をつぶって、WMS導入チーム単独でWMSを導入しようとしています。前述のように、基幹システムで行う引当のレベルはどこまでなのか、WMSで担うべき引当はどこまでの詳細度の役割分担が必要か、基幹システムとの整合性確認といったことが必須です。また、トレーサビリティやロット逆転防止を実現しようにも、工場からロットナンバーがこない場合、どのようにMES側で実現するのか、といったことを考えないと、まともなシステムはできません。

　倉庫業務に閉じこもらず、周辺業務とシステムとの役割分担やデータ連係をきちんと確認し、分担をしないといけないのです。

適切なパッケージと習熟したベンダーの選定を行うべし

　業務設計がきちんとなされれば、機能に合致するWMSのパッケージシステムを選ぶことができます。そうした意味でも業務設計は重要です。業務設計ができていないと、適切なWMSが選べませんから、システムベンダーのいいなりになったり、不足した機能の追加開発が多数必要になったり、といったことが起こりうまくいきません。自社でやりたいことに合致したWMSを厳選して選ぶことが必要です。

　また、ベンダーを厳しく選ぶことも重要です。意外に思うかもしれませんが、システムベンダーの多くは業務を知りません。問題が起きたときに、「お客様が決めてください」「お客様が決めないからできません」といった低次元の会話しかできないベンダーもたくさんいます。仕事の1つひとつについて、その意味や言葉の意味まで教えないと理解できないベンダーもたくさんいます。

　本来WMSの導入をサポートするというのですから、業務に精通し、お客様をリードできるだけの力量は欲しいものです。この点は非常に重要で、ベンダーの人材の良し悪しがWMS導入の正否を握っているので、ベンダーのスキルや経験は厳しく評価し、選ばなければなりません。

　特にベンダー側のリーダーは厳選しなければなりません。倉庫業務に精通した上で、提供してくるパッケージにも精通し、数々のプロジェクト経験がないと選んではいけません。

　また、提案時とプロジェクト時でリーダーを変えてくるベンダーもいます。これは、売れっ子にプレゼンさせて仕事を取り、受注したあとはレベルの低いリーダーに仕事をさせるという悪いパターンです。

　プレゼンしたリーダーがそのままプロジェクトに入るように、提案時から厳しく約束しておかないといけません。提案時のリーダーを変えてくるというのは、お客様を見ずに自社都合だけで仕事をするベンダーです。そのようなベンダーとは付き合わないほうが良いでしょう。

何でも受け入れず、追加開発要求への適切な対応をすべし

　パッケージを選んでも、必ずしも自社の要求がすべて満たせるとは限りません。こうしたときに、無理にでも追加開発するのか、人手で処理するのか、外部の別なシステム（たとえば表計算ソフトで作り込むなど）で対処するのか、判断しなければなりません。

　コストと効果を測り、そもそも開発せずに人手作業を決断することも重要です。些細な機能を何でも実装していては費用がかかりますし、システムの保守も大変になります。

　日本では作業者の負担を軽くするためにシステムの導入を行うものと考えていますが、それは誤った判断です。作業を標準化することで、効率的で、誰でもできる仕事にすることが重要であり、作業者がラクになるなどというのは副次的な結果なのです。QCDSの改善に関係のない、作業者だけがラクになるような機能は、人手で行えばいいのです。

　もちろん、QCDSに関わる重要な機能であれば追加開発も受け入れます。要は、倉庫業務のエースとリーダー、ベンダーのエキスパートが適切にリードして、判断できる土壌を作っておかなければならないのです。

熟練したプロジェクトマネージャーを参画させるべし

　システム導入では、プロジェクトマネージャーの力量で成功・失敗が決まることがあります。WMSに取り込む機能の取捨選択、設計の品質、エンジニアの管理の優劣、スケジュール管理の良否がプロジェクトの成

功に影響します。プロジェクトマネージャーは優秀な人を選びます。また、プロジェクトマネジメントの型・方法論を持っていて、何度も成功に導いている経験は何ものにも代えがたいことです。実証済みの方法論を持っていて、その方法論を何度も用いてプロジェクトを成功させているプロジェクトマネージャーをシステムの導入に参画させるようにしましょう。

9-6 物流DX:ピッキングの進化、デジタルピックからAR、AGV、AMR

人手によるピッキングのDX化と搬送の自動化

ピッキングリストからデジタルピッキングへ

　倉庫のピッキング作業では、従来、紙で印刷されたピッキングリストを持って、ピッキング作業者が荷をピックすることが普通です。

　ピッキングリストは、倉庫のレイアウトに合わせて動線を考慮して、効率的な移動と作業ができるピッキングを指示します。紙のピッキングリストでも、ピッキングリストと棚、さらにピッキングする品目にバーコードがあればピッキングミスが起きないようにチェックができます。

　出庫指示から渡される品目コードをバーコード化し、ピッキングリストにデータを渡し、ピッキング時にリストに印刷します。ピッキングする品目またはその品目がある棚に同様にバーコードを付け、突き合わせます。

　こうした紙のピッキングに変えて、棚にLEDライトをつけ、ピッキングリストを読んだ際に、ピックすべき品目の入った棚にライトをつけ、ピッキングをガイドする**デジタルピッキング**化をすることで、効率的な作業を実現します。

　デジタルピッキングは、品目選択のピッキングミスを避けるという意味で効率的ですが、出荷梱包時にピッキングして箱詰めするなどの定型的な流れ作業でのピッキングと投入に適している業務です。実際の倉庫での作業というよりも、出荷時のライン作業のイメージです。

ピッキングの音声ピッキング指示、AR化

　ピッキングはさらなる効率化を目指して、DX化が進んでいます。ピッキングの指示を紙ではなく、音声で行う音声ピッキング、ゴーグルを装着し、ピッキングする品目を目視で指示する**拡張現実**（**AR**：

Augmented Reality) を利用したピッキングなどです。

　従来の手によるピッキングでは、ピッキングリストを持ったり、ハンディーターミナルでバーコードを読ませたりするため、手がふさがっていますが、音声ピッキングは両手が空くのでより効率的にピッキングができます。ゴーグルなどを使ったAR化したピッキングであれば、指示がゴーグル内に出て、棚や品目もカメラでチェックして突き合わせできるので、さらに効率的です。

　紙のピッキングリストは印刷プログラムにピッキングのデータを渡して処理しますが、音声ピッキングではデータを音声化する必要があります。品目データや品目コードを品目名とコードナンバー、数量を音声にする変換が必要です。ARであれば、ピッキングすべき棚の特定をゴーグル内に示すために、棚のロケーションデータと棚を突き合わせする機能と、ゴーグル内で品目を突き合わせてピックすべき数量を表示する機能が必要です。

　こうした機能を一から作るのは困難なので、製品として売り出されているアプリケーションやゴーグルなどのデバイスを購入し、データの連携部分を構築します。

▎AGVからAMRへ

　搬送システムの自動化では、古くから**自動搬送車**（**AGV**：Automatic Guides Vehicle）が使われています。工場内や倉庫内で、荷をAGVに乗せて運ぶことで、人手による搬送をなくし、効率化します。

　AGVの走行では、特定の場所から特定の場所に荷を搬送するために、床にテープを貼って、走行ルートを識別させます。AGVを制御する機能として、走行ルート指示、合流制御、停止制御、スピード制御、充電が必要なときの充電ステーションへの進入制御が必要です。AGVはAGV制御用のPLC（Programmable Logic Controller）を使って、制御プログラムを設定します。

　決まりきったルートの搬送ではなく、都度コースが変わる搬送機器として**自律走行搬送ロボット**（**AMR**：Autonomous Mobile Robot）が登場

しました。AMRは、アマゾンで一躍有名になった自走式の棚の搬送などに使われています。センサーを装備して、呼ばれたピッキングステーションに棚ごと運ぶような自動判断・制御を組み込んだロボット的な搬送システムです。

　AMRでは走行するフロアのマップ情報、自車の位置を把握するセンサー、コールを受け取り自走し、コースを判断する機能、障害物を避けるためのセンサーと機能などが必要です。AGVもAMRも一から構築するのは困難で、搬送機器を扱うマテハン企業や物流企業と組んで導入します。

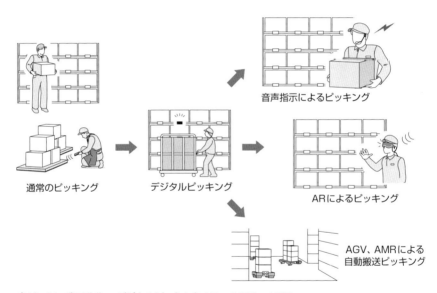

通常のピッキング

デジタルピッキング

音声指示によるピッキング

ARによるピッキング

AGV、AMRによる
自動搬送ピッキング

◆ピッキングの進化、デジタルピックからAR、AGV、AMR

第 10 章

TMSの機能と
導入時の留意点

TMSの機能の全体像

ベテランの配車担当者に依存して
ブラックボックス化した輸配送管理

TMSの基本機能は配車と運行管理

輸配送管理は、配車計画時に考慮すべきことが多様かつ複雑であることは既に第5章で述べました。このことから輸配送管理には経験と熟練が必要なため、基本的にベテランによる作業で行われています。かなり昔からシステム化する取り組みがなされてきましたが、現在でもこの作業は主に人手によって行われており、進展していないのが実情です。

需要の変動が激しい昨今では、需要や在庫状況の変動に伴い、生産計画の変動も激しくなっているため、物流、特に輸配送の柔軟性の確保は重要な課題です。

このように重要な業務であるにもかかわらず、いつまでも人手で行っていては効率化ができません。配車計画をTMS（Transport Management System：輸配送管理システム）によってシステム化し、ベテランでなくとも効率良く、柔軟に、確実に、スピーディーな輸配送を実現すべきです。そのために、TMSの機能と導入時の留意点について本章で解説します。

柔軟な物流を行うために最も重視されているのが**配車計画**です。配車が効率化し、柔軟に、確実に、スピーディーな輸配送ができれば、売上・利益に直結するからです。つまり、適正な配車ができれば、コスト削減やサービス品質の向上ができるわけです。

輸配送荷物量から必要な配車所要量を計算します。TMSでは、配車機能が最も重要な機能です。

配車と当時に行われるのが、積載効率を最大化させるための最適な積込みを算出する**積付け計算**と、ルート別のトラックに割付けを行う**車組み**です。これらは配車の機能の一部と考えてもいいでしょう。

次に行うのが**運行管理**です。運行管理は輸配送のQCDSを測定し、QCDSを改善するために行われます。トラックに積んだデジタル・タコメーターからデータを収集し、付加的なデータはドライバー日報や配車実績から収集し、管理します。

運行管理は輸配送後の結果を収集しますが、リアルタイムでのトラックの運行状況を把握する動態管理も可能になってきています。動態管理ができれば、急な輸配送に対する配車も可能になります。これは、今後重要な機能になるでしょう。

TMSの
機能

● 配車計画
　■ 配車所要量計算
　■ 積付け計算
　■ 市組み

● 運行管理
　■ 運行実績管理

TMSによって、上記以外の機能（運賃計算や動態管理など）が用意されていることがあるが、輸配送管理の本来の機能ではないため、TMSで持つべきかどうか、検討が必要

◆TMSの基本機能

TMSの付帯機能

配車と運行管理については次節以降で説明しますが、これ以外にもTMSにはさまざまな機能があります。TMSによって機能の有無はありますが、TMSの基本機能は10-2、10-3で行うので、本項で先にTMSの付帯機能について説明しておきます。

①輸配送運賃計算

配車段階で運賃を計算する機能です。要求するトラックの形態と台

数、各運行での輸送トンキロで物流料金がいくらくらいになるのかを計算する機能です。

運賃計算を行うには、トラックのタリフ（料金）情報が必須です。また、荷のトンキロやトラックに要求する特殊装備が判断できなければなりません。また、運賃計算の方法も、標準的な運賃計算と特殊な状況下の運賃計算といったさまざまな方法があるため、多様な計算方法に対応していなければなりません。

また、タリフの登録や季節割引などの特殊タリフ、荷の重量といったマスター情報の整備も難しいため、マスターは常時最新の状態にしておくことを心がけなければなりません。

自社が物流子会社などの物流事業者で、輸配送により請求を行う際の請求運賃計算にも運賃計算機能は使われます。請求書を発行するなどの書類の印刷機能を持つTMSもあります。

②運賃シミュレーション

運賃計算ができるということで、運賃シミュレーションを謳っているTMSもあります。

③伝票や帳票作成

トラックドライバーに渡す納品書や納品受領書といった書類を印刷する機能を持つTMSもあります。こうした機能はWMSや基幹システムとも重なるため、どちらで持つべきかをきちんと決めてから導入します。

④車両管理

車両を保有している場合は、車両を管理する機能も有効です。車検証情報、リース情報、整備履歴、事故履歴などを車両ごとに管理します。

10-2 TMSの機能 ❶ 配車計画と積付け、車組み

輸配送のQCDSを決める配車計画

配車計画は属人的に、勘と経験で大雑把に立案している

配車計画はほとんどの場合、人が計画を立てています。販売計画をベースに概算でのトラック要求を見込んでおき、そこに受注や出荷指示の情報を追加して、おおよその出荷所要量を把握し、必要なトラックの種類と台数を計算します。販売計画や受注、出荷指示が入力できる簡単な表計算でトラック台数を算出できる簡易システムを作っている企業も多くあります。

出荷の規模（金額の場合もあります）からだいたいの台数を割り出すだけなので、正確性は高くありません。積載できるかどうかのギリギリでは計算せず、安全性から見て余裕のある台数を計算します。積載効率や運行効率はさほど高いところを狙えません。

過去の経験と試行錯誤から作り上げられてきた配車計画の方法や仕組みをもっと論理的に行えるようにしたものがTMSの**配車計画システム**です。

配車計画の機能

TMSが持つ配車計画の機能には、次のようなものがあります。

①出荷予定（販売計画・出荷計画・受注）・出荷指示情報の取得

出荷予定には、出荷予定そのもの、出荷予定の代替情報となる販売計画、出荷計画、もしくは受注情報があります。予定ではなく明確な指示である出荷指示情報もあります。配車所要量計算をするためには、出荷予定と出荷指示が必要です。

出荷指示情報は出荷直前の確定情報ですから、正確な輸配送所要量計

231

算と積付け計算に有効です。先々の予定情報である出荷予定、出荷計画、もしくは受注情報は先々のトラックの予約（船や飛行機の"腹"の予約も含みます）に使います。

　確定情報としての出荷指示情報、先々の配車計画や物流予約を行うための予定情報としての出荷予定（販売計画・出荷計画・受注）情報の取得の両方が必須です。

②出荷予定（販売計画・出荷計画）・出荷指示情報の登録

　出荷予定（販売計画・出荷計画）・出荷指示情報を登録します。以下の輸配送所要量計算や積付け計算のインプットとなります。

③輸配送所要量計算

　出荷指示・予定情報から必要なトラックの輸配送所要量（台数）を計算します。荷の荷姿から容積換算や重量換算を行い、自社の既定のトラックなどの所要台数を計算します。たとえば、出荷総積載単位数が5000、トラック1台当たりの総積載可能単位数が400であれば、積載効率80％で、換算でラフに計算して5000/(400×0.8)≒16台の所要台数と計算します。

　直近の配車のためには、この情報から、さらに車組み、積付け計算と進んでいきます。

　長期の予約をする際は、この計算結果から車組みをして、方面別や客先別の物流予約を行います。

④車組み（トラック割付け）

　輸配送所要量（台数）を方面別、納入先別のトラックに割り付けます。自社便で自由に方面を変えられるトラックと既に予約済みのトラックに割り付けます。もし、自社便や予約した台数を超過する場合があれば、備車を行います。

⑤積付け計算

　トラックの台数がある程度固まったら、荷姿マスターから荷の容積と重量を割り出し、自社で利用可能なトラックに積み付けていきます。積載効率が高まり、全体で90％まで積載効率が高まれば、先ほどの16台が14台（16×(0.8/0.9)≒14台）で済むことになります。ここで再度車組みを行い、トラックの手配を行います。

　実務的にこの積付け計算を常に行うかどうかは、運ぶ荷の荷姿の変動によります。荷姿が積載効率を考えて設計されていて、貨物コンテナに効率的に収まるのであれば計算が不要になります。

　荷姿が常に変動したり、荷姿が相違する荷を積載したりする際には積付け計算は必要です。ただし、3次元の積付けは、2次元の板取り計算の3次元版なので、3次元の荷姿をマスターに持っていないとできない上に、3次元グラフィックスを使っての詰込みをシミュレーションして空間を埋める計算を行う必要があるため、計算するのは簡単ではありません。その上、接触面の制約、重量と上下に積み上げた際の強度など考慮すべき要件をきちんと入れなければなりません。

　したがって、マスター整備ができない、計算ロジックが現実的でないなどの理由で積付け計算は人手に頼っているケースが多いのが実態です。システム化するには、要件定義や設計・構築も難しく、費用対効果を考えると、システム化せず人が行うのが現実的な選択肢です。

⑥最適ルート計算

　欧米のTMSでは、最適ルート計算が導入されているケースが多いです。日本の場合は道路事情が複雑で、市内走行も渋滞や工事が頻発するため、最適ルート計算をしても役立たないものになります。

　また、日本ではカーナビが発達し、GPSを通じて渋滞情報もわかるため、ドライバーの適時判断が有効です。最適ルート計算は、日本でのTMSにはそれほど必要な機能ではないでしょう。

⑦輸配送計画の可視化

　配車したら、配車結果をビジュアルに可視化します。どのトラックが配車されたか、運行回数は何回で、何時から何時まで輸配送で稼働するか、行きの積載効率、帰りの積載効率などを表示します。

　計画結果がビジュアルになれば、遊んでいる車両や帰り便で空^{から}の運行になっているなどの状況が可視化されます。トラック稼働や積載効率向上のためのアラートにもなるので、輸配送計画の可視化は是非実現したい機能です。

　ビジュアルとしては、主にガントチャートを使います。方面別にどのトラックが運行中か、積載効率はどうかといった運行計画を可視化します。

⑧輸配送指示・オーダーの発行

　配車計画が終了したら、輸配送指示または外部の輸配送業者にオーダーを発行します。

配車計画
機能

- ●出荷予定（販売計画／出荷計画／受注）
  出荷指示情報の取得
- ●出荷予定（販売計画／出荷計画）・
  出荷指示情報の登録
- ●輸配送所要量計算
- ●車組み（トラック割付け）
- ●積付け計算
- ●最適ルート計算
- ●輸配送計画の可視化
- ●輸配送指示・オーダーの発行

積付け計算は難しいので、システム対応する・しないの判断が必要。最適ルート計算は現在の日本の道路事情やカーナビの導入事情を考えるとほとんど役に立たない

◆TMSの機能：配車計画機能

10-3 TMSの機能 ❷ 運行管理、動態管理

実績を蓄積してQCDS改善を行う運行管理とこれからの動態管理

デジタル化が進む運行管理

運行管理は5-3で説明した通り、昔からタコメーターや日報などで行われてきた業務で、それなりの蓄積があります。タコメーターもデジタル化され、より高度化されているので、デジタル・タコメーターから電子データを取得できるようになり、運行データの可視化も容易になりました。

一方、車両の動態管理も可能になりつつあります。デジタル・タコメーターや車両に付けたセンサーから車両の状況を逐一把握できるようになってきています。車両の状況がリアルタイムに把握できるようになると、本部からさまざまな指示ができるようになると想定されます。

しかし、本部からの指示でどれほどの効果的な対応ができるのか、今のところ未知数です。たとえば、停車が長い車両のドライバーに連絡を取る、急発進・急加速が多いドライバーに注意を促す、荷台が空の車両があれば求貨する、といった活用シーンなどが想定されていますが、果たしてどこまでビジネス的に意義がある現実的なことなのかはこれからの課題です。

車両の動態管理ができるようになったとして、今後どのように使っていくのかというのは、まだまだこれからの話です。それは、まるで、製造現場のIoTをどのように使うことができるか、といった議論に近いものがあります。ニーズではなく、技術シーズ先行の場合は、導入やシステム化には慎重に臨むべきです。

- ●デジタル・タコメーターからの運行実績情報の取得
- ●運行実績情報の登録
- ●日報作成
- ●運行実績の可視化
- ●データのダウンロード機能

ITの進展により、スマートフォンなどを利用した運行管理のモバイル化やセンサーが実用化されつつあり、運行管理のリアルタイム化、車両の動態管理もできるようになる。しかし、動態管理は「見えたからといって何ができるのか？」といった具体的な形の見えない状態なので、今後の課題になっていく

◆TMSの機能：運行管理機能

運行管理の機能

運行管理の機能には、次のものがあります。

①デジタル・タコメーターからの運行実績情報の取得

デジタル・タコメーターから運行実績情報を取得します。

②運行実績情報の登録

運行実績データを登録します。デジタル・タコメーターからの情報をデータベースに蓄積するとともに、デジタル・タコメーターでは取ることができない運行実績情報を入力します。近年、スマートフォンなどの発展で、PDAやモバイル端末から運行実績情報を入力できる仕組みも登場しています。たとえば、次のようなステータス情報が入力できます。

- 積地着／積込中／積込終了
- 待機中（留置中）
- 卸地着／荷卸し中／荷卸し終了
- 休憩中／給油中

　輸送中のステータスはデジタル・タコメーターから取得し、非運転中のステータスを取得できれば作業分析まで可能になります。将来的にはデジタル・タコメーターに依存せず、モバイル端末で運行管理を行うように統一することも可能ですし、センサーから直接情報を取れるようになるでしょう。

③日報作成

　紙で作成していた日報を電子化します。モバイル端末から入力できれば、事務所に戻っての入力も不要にできます。できるだけモバイル化して日報を作成できるようにしましょう。日報は、事故、違反、共有すべき情報、特記事項など、データで取れない運行状況の報告です。記述型でもいいですし、チェックリストや選択肢から選ぶなどの方法で入力を簡素化することもします。

④運行実績の可視化

　運行実績を分析しやすいように可視化します。一覧表で見せるだけでなく、グラフ化が有効です。稼働率グラフ、積載効率グラフ、急発進回数、急加速回数、急ブレーキ回数、燃費時系列グラフなどを可視化します。また、非運転中の作業実績も取れていれば、作業時間の比率データも見えるので、作業を軽減する方策も検討できます。

　こうした分析の可視化要件はTMSの運行管理パッケージに実装されていますが、自社の要件に合わないときには、自社の要件を定義して追加開発します。

⑤データのダウンロード機能

　さまざまな分析に活用できるよう、データのダウンロード機能が欲しいところです。

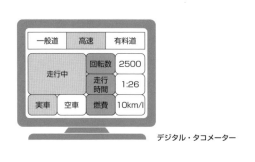

一般道	高速	有料道	
走行中		回転数	2500
		走行時間	1:26
実車	空車	燃費	10km/l

デジタル・タコメーター

輸配送・作業状況
積込作業
積地着
留置中
積込中
待機中
積地発
積卸作業

モバイル型
デジタル・タコメーター

運行日報　　　　　　　　　　　　　　　　　　　　　　　2021.10.1 ○山△男

運行実績		実働実績	
走行距離	300Km	走行時間	5
平均速度	60K	積込時間	1
最大速度	95k	荷下時間	0.5
急発進回数	0	待機時間	0.5
急ブレーキ回数	1	休憩時間	1
燃費	8k/l	運行回数	2

番号	訪問先	着時刻	発時刻	滞在時間			事故	0
1	AA工業	9:00	9:15	0:15				
2	BB工業	10:15	10:30	0:15	高速道路料金	2,450円	違反	0
3	CC工業	11:00	11:30	0:30				
4	TT卸	17:00	17:30	0:30	給油	80L	12,500円	給油	80L

番号	特記事項
1	CC工業で伝票ミスがあり、積込み時間遅延
2	
3	
4	

} 運行状況

} 特記事項を文章で入力し、表示する

速度チャート

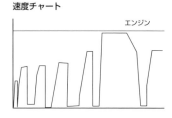

エンジン

回転数チャート

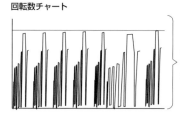

} 速度やエンジン回転の変化の時系列グラフ

稼働チャート

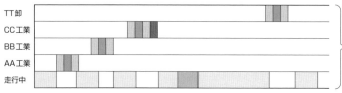

TT卸
CC工業
BB工業
AA工業
走行中

} 納品先での時間の使い方と走行中の時間の時系列グラフ

◆TMSの機能：運行管理の見える化

10-4 TMS導入時の留意点

配車計画の精度の許容範囲を決定し、
運行管理のシステム化を進める

配車計画システムの導入は簡単ではない

　TMSの中でも、配車計画システムの導入は大半の企業が失敗しています。配車計画システムの導入がうまくいかない原因には、配車計画業務の標準化の遅れ、業務設計の不備、他業務との連動が整備されないため、手作業による調整が多く役に立たない、パッケージとベンダーの選定ミスなどが考えられます。

　WMSと違って配車計画業務は担当者の数も限られるため、要件が決めやすくプロジェクトマネジメント上の問題が起きることはほとんどありません。ただし、頭が固い担当者に話を聞くと、最初からシステム化することを否定してきます。きちんと対応しないと、時間と金がムダになるだけなので、きちんと対応策を考えていきましょう。

配車計画業務の業務設計をきちんとすべし

　配車計画システムを導入する際の第1のポイントは、**配車計画業務の標準化**です。業務設計をきちんと行えているかどうかをチェックします。

　配車計画は属人化していることが多く、配車担当者がどのようなことをしているのかは、第三者にはわかりにくいものです。業務を聞き出し、業務フローと作業標準に落とし込み、誰でもわかるようにしなければなりません。

　システム化を検討するのは、業務の可視化が終わってからです。業務の機能が可視化できないと、どのようなパッケージが適しているのか判断できないからです。

　WMSと違って配車計画システムは、パッケージではなく独自開発を

行う可能性もあります。もし独自開発するのであれば、そもそも業務機能がわからなくては設計ができません。きちんと業務設計を行うのが先決です。

パッケージ選定やベンダー選定の前に行うべきこと

業務設計をして業務機能要件が明らかになったからといって、システム化が成功するとは限りません、配車計画システムの導入がうまくいかない原因の2つ目に挙げた「他業務との連動が整備されないため、手作業による調整が多く役に立たない」というのはシステム化以前の問題ですが、このボトルネックが解消されない限り、システム導入は不可能です。

業務連携のルール順守が行われず、変更が多発し、不明点が多い連携では、結果的に電話やメールでの調整が多発し、システムでの計画など無意味になります。

業務連携がスムーズに行われていないと、そもそも配車計画のシステム化など不可能なのです。したがって、曖昧な情報で、人的調整とKKD（勘と経験と度胸）に依存した配車をせざるを得ない業務状況下では、配車計画システムの導入を行ってはいけません。

パッケージ選定、ベンダー選定の重要性

本書では、WMSにしてもTMSにしても、ゼロから独自開発することは推奨していません。そのようなことはムダですし、そもそも無理があります。

自社の情報システム部門が相当に優れていても、WMSやTMSを自社開発してパッケージをしのぐ機能が作れる自負がない限りは自作すべきではありませんし、物流業者でもトップエンドで自社作成でないと競争力に影響するといったケース以外で自社開発は意味がありません。パッケージを使うほうが合理的です。

WMS同様、TMSも**パッケージとシステムベンダーの選定**が重要です。TMSも業務設計ができていないと、適切なTMSが選べませんから、

システムベンダーのいいなりになったり、不足した機能の追加開発が山
盛りになったりで、うまくいきません。自社でやりたいことに合致した
TMSを厳選して選ぶことが必要です。

　ベンダーの選定も慎重に行う必要があります。WMS同様に、業務に
精通し、お客様をリードできるだけの力量は欲しいところです。特に配
車計画は属人化や、融通の利かない担当者が「俺さま配車業務」をして
いて、自分の仕事が標準化・システム化されることに抵抗することがあ
ります。

　こうしたケースでは、ベンダー側のリーダーは厳選しなければなりま
せん。輸配送業務に精通した上で、提供してくるパッケージにも精通し、
数々のプロジェクト経験がある人を選ぶ必要があります。

　提案時とプロジェクト時でリーダーが変わることがないように、最初
に約束しておくのもWMS同様です。

　その上で、できるだけ自社の担当者も柔軟な思考のできる人材を選定
して投入します。職人的すぎず、仕事の変化に抵抗せず、道具を使って
柔軟に考えられる人材を投入し、標準化、システム化すべきです。

何でも受け入れず、追加開発要求への適切な対応をすべし

　パッケージを選んでも、必ずしも自社の要求がすべて満たせるとは限
りません。こうしたときに、無理にでも追加開発するのか、人手で処理
するのか、外部の別なシステム（たとえば表計算ソフトで作り込むなど）
で対処するのか、WMS同様に判断しなければなりません。

　運行管理については、基本的にパッケージとベンダーをあわせて選び
ます。デジタル・タコメーターと運行管理日報を連動して導入できるベ
ンダーもありますから、自社に最も適したパッケージとベンダーを選び
ましょう。

　運行管理システムも自社開発は得策ではありません。パッケージには
蓄積されたノウハウがあるので、パッケージを使い、不足部分は追加開
発で補うようにしましょう。

　また、運行実績のさまざまな稼働分析もしたくなると思いますが、こ

241

うした分析業務まで運行管理システムに実装すると高コストになります。データをダウンロードできるようにし、標準で用意されているもの以外の分析は表計算ソフトなどで行って、運行管理のシステムは安価でシンプルなシステムにしておくべきです。

■ **TMS導入時によくある失敗**
- 使えないTMSの導入
- 莫大な追加開発

■ **TMS導入時の主な失敗の原因**
- 配車計画業務の標準化の遅れと業務設計の不備
- 他システムとの連係を理解しないTMSに閉じこもった独りよがりの導入
- パッケージ選定ミスとベンダー選定ミス
- 頭が固い担当者
- 運行実績分析などを何でも実装しようする

■ **TMS導入時の留意点**
- 配車計画業務の業務設計をきちんとすべし
- 他システムとの連係を明らかにすべし
- 適切なパッケージの選定と習熟したベンダーの選定を行うべし
- 柔軟性のある担当者を投入すべし
- 分析業務を何でも実装せず、外部にデータ連係し、他のソフトで分析できるようにすべし

◆**TMS導入時の注意点**

242

10-5 物流DX:車組み・車建てと最適ルート計画は物流DXで進展するか?

車組み・車建てをDX化できるか?　最適ルート計画のDX化はできるか?

車組み・車建てはなぜシステム化が困難なのか?

　配車計画システムのうち、車組み・車建てはなかなかシステム化が困難な業務領域です。なぜかというと、次のような要因があるからです。

①当日や直前まで出荷すべき荷が決まらない

　配車をするにあたって、運ぶべき荷が何かを特定できないと必要なトラックを特定できません。荷を運ぶ当日以前にどのような荷があるのかを知りたいのが配車する側の要望ですが、それが難しいケースがよくあります。

　たとえば、生産の遅れなどで、当日の出荷間際まで荷が出てくるのかわからず、直前に荷がわかってもトラックが用意できない場合があります。直前に出荷がわかった荷が特殊な荷台やクレーンが必要なものだと、そもそもトラックが手配できないこともあります。

　つまり、計画通りに荷が出てこないことが常態化し、ギリギリまで荷がわからないため、システムではとても事前計画ができないというのがよくあるケースです。残念ながら、計画的に荷が出てこない場合、事前の配車計画がやり直しになったり、柔軟に対応するためにはシステム化しないほうが良かったりする場合があります。つまり、表計算ソフトを使って、人手で計画し、調整したほうが良いので、システムは不要となるのです。

②荷によって適切なトラックがない場合がある

　荷によって、積むことができるトラックの条件が複数あり、その条件も時と場合によって変動することがあるため、必要なトラックの要件や

設備をその場その場で決める必要があるときがあります。

　たとえば、自走できる荷であっても車高の高低が問題になったり、クレーンが必要であったりすると、求められるトラックが変わってきます。適切なトラックをその場で手配しなければならないので、結局事前計画が困難になります。

③トラックの荷台の最大積載を考慮して余計な荷を探す

　あまりに荷が少なくては、せっかく用意したトラックの積載効率が悪くなります。すると、積載効率を良くするため、事前に運んで良い荷をかき集めて積み込む調整が必要になります。こうした調整はシステムでは困難なのです。

④過積載を避ける必要がある

　トラックがあっても、今度は重量がネックになってトラックが足りなくなることがあります。過積載にならないように荷を別のトラックに分けなければならず、そうした荷の割り付けにも人の調整が必要です。

⑤トラックに積む際に必要な治具や容器の有無が影響する

　仮に、トラックとトラックに積む荷の数量や重量がマッチしたとしても、今度は荷を固定するための治具や荷を詰めるための容器が必要な場合もあります。治具や容器がないために、荷が運べなくなることもあります。そうすると、どこかに治具や容器がないかと探す羽目になります。

　こうした変動要素と制約条件が複数あるため、車組み・車建てのシステム化は困難なのです。

車組み・車建てに一部の機能ならシステム化可能

　システム化が難しい車組み・車建てですが、システムの進展により一部の計画支援はDX化が可能になっています。たとえば、トラックコンテナに荷を効率良く積み込むような「**3次元の詰込計算**」ができるように

なってきています。「3次元の詰込計算」とは、大きな箱に小さな箱を効率的に詰み、空きのないようにする計算のことです。

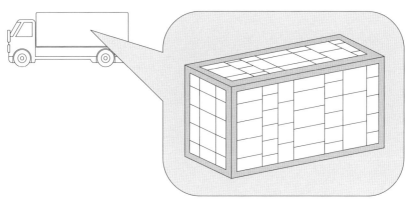

◆3次元の詰込計算のイメージ

最適ルート計画はなぜシステム化が難しいのか？

　最適ルート計画の難しさには、日本の道路事情の複雑さが関わっています。最適ルートとして計画しても、さまざまなトラブルが起きます。特定時刻に起きる渋滞、突発的な渋滞、把握できない工事などがあれば、そのルートは適切でなくなってしまいます。スクールゾーンの有無も影響します。

　また、荷が複数積まれ複数納入先に届ける際に、積み下ろしがあったり、別のトラックに荷を積みかえたりするような判断が必要な場合は、人による調整が必要です。バイパスや高速道路が発達したといっても、日本の輸配送は都市部を経由することもあり、簡単なロジックで最適ルートが計算できません。カーナビで選んであとは状況次第でドライバーが判断したほうが良いでしょう。

第11章

物流における
新たな潮流と
ビジネス・テクノロジー

トランスファーセンターと
クロスドック

物流の高速化と無在庫化の動き

トランスファーセンターの一般化

　一般に在庫を保管して、出荷対応する倉庫を**ディストリビューションセンター**（**DC**：Distribution Center）といいます。事前に在庫を用意しておき、出荷指示を受けて出荷、輸配送となります。通常のWMSの入出荷・入出庫、保管機能が使われます。

　一方、通過型の倉庫として**トランスファーセンター**（**TC**：Transfer Center）が設立され始めています。特に、首都圏の地域センターとして建設されています。

　首都圏や大都市圏では地価も高く、人件費も高いため、通常のDCではなくTCとすることで、建物床面積の低減、保管棚などへの投資低減、荷役・保管管理人員の削減が図られています。

　また、在庫を保持することによる在庫リスクの低減を行うとともに、

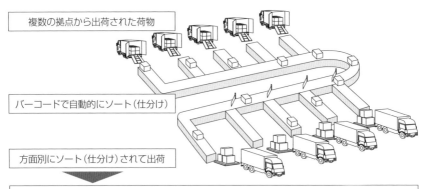

複数の拠点から出荷された荷物

バーコードで自動的にソート（仕分け）

方面別にソート（仕分け）されて出荷

各方面から集めた荷物を自動ソーターなどを使って短時間でソート（仕分け）して、各方面別に出荷していく。まさに通過型の倉庫

◆TCの仕組み

在庫保持で寝てしまうキャッシュの低減にも役立っています。

　TCの業務は、出荷拠点が複数に分かれている荷物をTCに集めて、納入先別に仕分けをして、そろえて出荷、納品します。TCに入荷された荷物は、ローラーコンベアに載って入荷され、添付のバーコードを読み取って、納入先ごとにソーターで仕分けされ、納入先別のコンテナなどに積み付けされます。大量の荷物が一気に処理され、短時間で出荷されていくのです。

　TCは保管棚などの設備には投資せず、ローラーコンベアやソーターといった搬送機器、出荷拠点から連係されたバーコード体系とバーコード読み取り機といったシステム機器に投資が行われています。

通常のTCⅠ型と流通加工も行うTCⅡ型

　荷物をソート（仕分け）して出荷タイミングをそろえて出荷する通過だけのTCを**TCⅠ型**といいます。それに対し、流通加工を行うTCを**TCⅡ型**といいます。

　TCⅡ型で行われる流通加工は、検品、検針、値札貼りといった軽加工、アソート袋詰めといった包装作業などがあります。出荷元企業や納入先企業の作業負担が低減できるため、TCⅡ型のTCへの要望も高くなってきています。

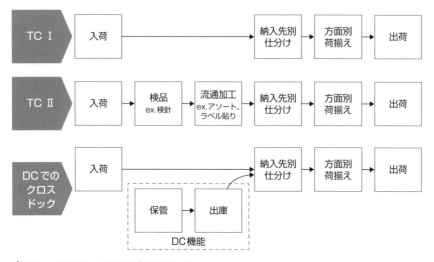

◆TC Ⅰ、TC Ⅱ、DCでのクロスドック

クロスドックを可能にするシステム連係

TCで各出荷拠点から集められた荷物は、出荷タイミングが合うように納入先別にコンテナに仕分けされ、同一方面別にトラックに積み込まれて出荷されていきます。このように、他拠点から出荷された荷物を同じタイミングで入荷、ソート、出荷できるように、複数の荷物のタイミングを合わせることを**クロスドック**といいます。日本語では、荷揃え出荷もしくは面揃えなどといわれます。

クロスドックを可能にするためには、入荷タイミングをそろえる必要があります。出荷タイミングはスケジュールで決まっているので、出荷に間に合うように、タイミングをそろえて入荷されなければなりませんから、入荷スケジュールも厳密に守られます。

クロスドックを成り立たせるためには、納入に合わせて方面別に決められた出荷スケジュールに同期して、ソート、入荷、輸送と遡って、出荷拠点の出荷スケジュールまで連動して業務指示が出るようにしなければなりません。ERPの受注から出荷指示が出て、TCの出荷指示となり、

連動して出荷拠点への出荷指示もしくは発注となります。

　DCとTC機能が1つの倉庫で同居しているケースもあります。通過型の荷物が入荷されたタイミングで、DC機能として保管されているモノを出庫して、面揃えして出荷します。

　TC対応できるWMSもありますし、DCとTCを組み合わせた対応ができるWMSもあります。バーコード連係や搬送機器連係も重要ですので、TCを建設する際には、**バーコードシステム機器と搬送機器を検討しなければなりません**。システムエンジニアと物流エンジニアの協力関係が不可欠です。

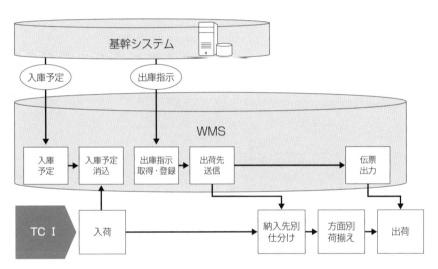

◆TC Ⅰでのデータ連係

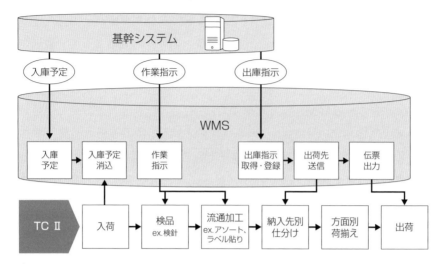

◆TC Ⅱでのデータ連係

11-2 オムニチャネル対応とドロップシップ対応

無在庫販売を行う事業者の増加と物流対応

オムニチャネルの登場と物流へのインパクト

アメリカを源流として**オムニチャネル**が拡大してきています。オムニチャネルはマーケティング上の概念で、あらゆる顧客接点を統合することを目指す活動です。

たとえば、ネット、実店舗、通販雑誌などのチャネルを統合し、どこでも買い物ができるようにする考え方です。

どこでも買えることに連動して物流を統合しようとします。たとえば、購入した商品を自宅に配送してもらう際に、いちいち住所を記入しなくても、ネットでの口座と連動させて、ネット口座側に登録されている納品先に荷物を送ってもらうことができます。

昨今のドライバー不足もあって、コンビニ受取りや駅の受取専用ロッカーといった新たな物流ルートも構築されています。出荷先や顧客の荷受けポイントまで複合的に作り上げて、顧客が購買のタイミングで物流方法も自由に選択できるようにしています。

買うという行為である顧客接点と、届けるという顧客接点を統合して、シームレスにつながるようにするビジネスモデルがオムニチャネルというわけです。

物流という機能だけではなく、販売との連動で業務の流れとモノの流れをデザインしなければなりません。オムニチャネルもサプライチェーン・モデルの再構築になります。物流、営業、マーケティングといった個別の機能で業務をデザインするのではなく、組織間を横断して、「販売物流管理」として業務設計をしなければ、競争力のあるビジネスモデルは描けないでしょう。

無在庫販売を可能にするドロップシップ物流

一時期、ネットでのEコマースの台頭時期に**ドロップシップ**というビジネスが流行りました。ECサイト開設者・企業は在庫を持たず、注文を受けると出荷、配送、決済を引き受けてくれるビジネスモデルです。

ECサイトを通じたドロップシップはやや下火になりつつありますが、事業者間（B2B）でドロップシップが採用されてきています。

私の過去のクライアントであるハイテク機器を企業向けに販売しているX社を例に説明します。X社は補修部品の販売と物流にドロップシップを用いています。このときの仕事の流れは、次の通りです。仮に、補修部品の販売元をY社としましょう。

①X社は製品を顧客に納入します。X社製品は長く使用されるので、保守したり、故障時は修理をしたりしながら長い間使われます。保守部品は、X社の指定サプライヤーから調達されます。

②Y社が販売する保守部品はY社が製造して保管しています。

③顧客で保守対応や故障対応が起きると、X社が保守・修理サービス受注をします。そのタイミングで、X社経由でY社に保守部品の発注が起きます。

④Y社はX社の発注に基づき、X社の保守先の顧客に保守部品を直納します。

⑤納品先はX社の顧客ですが、請求先はX社になります。X社にとっては、顧客納入時に保守部品売上と保守部品仕入れが同時に立ちます。

この形式は、X社が受注ポータルの役割をし、Y社に代表されるサプライヤーに発注が飛び、X社は無在庫で、物流はすべてサプライヤー側が担っています。ドロップシップのB2B版です。

なお、X社はサプライヤー在庫も開示させています。X社ポータルから保守部品在庫が見えるのです。こうした可視化だけでなく出荷指示連

動のシステムは、X社の基幹システムから出荷指示を送信し、それを受けてY社の基幹システムがY社のWMSに出荷指示を転送するという連係が必要です。保守部品は使うまでサプライヤー在庫というのは、次節で説明するVMIの一種でもあります。

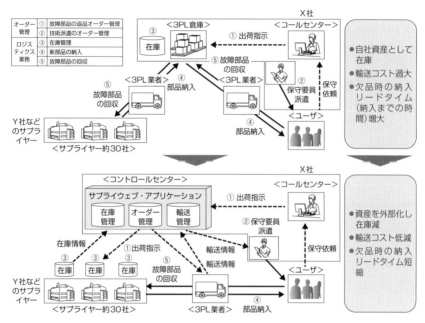

◆B2Bビジネスにおけるドロップシップ

11-3 VMI対応、センター納品、ミルクランへの拡張

在庫は売れるまでサプライヤー資産、センター倉庫化でさらに進化

VMI対応の物流と補充

VMI（Vendor Managed Inventory）とは、日本語で預託在庫と訳されます。納入先の倉庫もしくは納入先近くの倉庫の在庫をベンダー＝サプライヤーが管理しながら、納入先が使用してはじめて資産移転が起きて、サプライヤーから請求ができるようになります。納入先企業にとっては、在庫を預かっているような形式であることから預託在庫というのでしょう。逆の立場で、サプライヤーにとっては在庫を委託しているように見えるので、委託在庫になります。

VMIは、納入先企業にとっては有利な取引です。使用するまでその在庫負担がサプライヤーになるからです。サプライヤーにとっては負担になりますが、安定的な売上が期待できるので、メリットもあります。

在庫が納入先にあるにもかかわらず、その在庫帰属はサプライヤーですが、倉庫は納入先の資産であることも多く、在庫管理を行うシステムが納入先のWMSであることもありますし、外部倉庫業者の倉庫とWMSを借りる場合もありますし、サプライヤーが自前で管理しなければならない場合もあります。

倉庫運用を考えると統一されたWMSでの管理が望ましいですし、通常外部倉庫を借りる場合は、管理を委託するので倉庫会社のWMSを利用することになります。その場合は、出荷指示は倉庫会社のWMSで行い、出荷実績もしくは納入実績を取得してサプライヤーのERPで在庫引き落とし、出荷、売上計上、請求となります。

厄介なのはVMI倉庫への在庫補充です。サプライヤー側でWMSと連動したERPが構築されていれば、WMS上の在庫が減った段階で同期してERPの在庫も減るので、そのタイミングで所要量計算をして補充

することができます。しかし、倉庫業者のWMSとサプライヤーのERPが連係していない場合は、常に倉庫業者のWMS在庫を監視し、補充しなければなりませんから、手間がかかります。

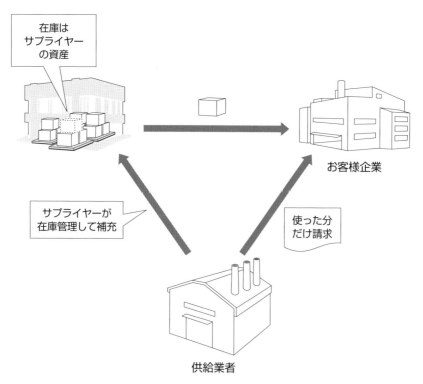

在庫は
サプライヤー
の資産

お客様企業

サプライヤーが
在庫管理して補充

使った分
だけ請求

供給業者

◆VMIの仕組み

センター倉庫化とセンターフィーのメリット・デメリット

　VMIの進展した形が**センター倉庫**です。サプライヤーごとに納入されると納入先も荷受けに工数がかかり面倒なので、いったんセンターに納品させ、そこから必要なモノと数量だけピッキングし、1回で荷受けが済むように納入先側の効率化を狙ったのがセンター納品です。

　センター倉庫の在庫は通常VMIとなるため、センターから出荷され

るまでサプライヤー在庫です。これは納入先企業にとって有利です。在庫補充責任もサプライヤーにあるため、常に欠品しないように在庫を持たねばならず、サプライヤーにとっては負担が大きいのです。

　サプライヤーは売上にある一定の料率を掛けて**センターフィー**が取られます。たとえば売上の3%とか、6%とかをフィーとして、自社の出荷・納品売上に掛け合わせて請求されます。

　センター納品は荷受けが1回で済みますし、各社が納品した際に起きる納品渋滞も起きませんから大きなメリットがあります。もしセンターが納入先の近くであれば多頻度納入もできるため、納入先企業にとっては大きなメリットがあり、その反面サプライヤーにとってはなかなか厳しい条件が押し付けられることになります。

　海外事例では、VMI時の長期滞留品や残在庫を納入先が契約と合意に基づき引き取り責任を果たす場合もあります。日本の場合、こうした引き取り責任がない状態でVMIが運営されるケースが多く、サプライヤーにとっては負担となります。公正な商取引を行うためにも、内示や引き取り責任の明確な合意は必要でしょう。

┃センター納品時のミルクランはハードル

　センターへの納品を各社が独自に行うと、センター倉庫の荷受けが複数回になり手間となるので、**ミルクラン集荷**をする方法も模索されます。ミルクランとは、生乳を集荷する際に各牧場を巡って集めてくるような集荷型の物流です。各拠点に集荷に行って回ってくるのが生乳を集めてくる形に似ているので、巡回しながら集荷する方法がミルクランと呼ばれるようになりました。

　アメリカなどでは一般的ですが、自社都合で運べることに利便性を感じるサプライヤーにとってミルクランは抵抗が強く、日本ではなかなか実現していません。

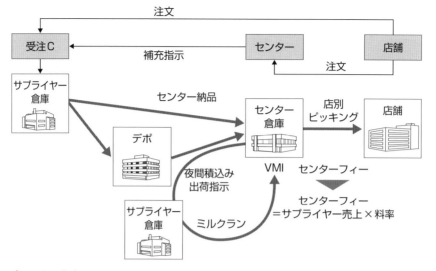

◆ センター倉庫とセンターフィー

製造業の製造代行として流通加工が増大

流通加工を物流企業が受託することで、製造作業委託の領域が広がっています。

製造業として製品の品質を担保する必要がありますが、その代行が物流の流通加工として行われています。たとえば、工場から入荷された製品の検品がそうです。

検品業務で多いのは、アパレルでの検針です。縫製などの工程がある製品の場合、まれに針が混入されていることがあり、もし見つかれば大問題になります。工場の最終工程でもチェックが行われますが、それでも取りこぼしがある場合には、倉庫で検品することで、品質を担保することも行われます。

また、特殊包装や化粧箱への再包装、キャンペーンに合わせたセット組みなどは一般に行われる軽作業ですが、実際に最終製品の組立てに近い工程まで取り込んでしまう流通加工もあります。最終仕様が確定した段階での基盤へのパーツ実装などはほとんど製造行為ともいえます。海外倉庫の例では、製品に対して出荷先国の言語のシール添付、マニュアル封入などの最終製品のセット組立てのような行為も行われます。

また、冷凍保管されている製品の解凍などを行う流通加工もあります。私の知る製造業でも、倉庫で最終製品化する企業がかなりの数存在し、製造行為と流通加工の境目が曖昧になっているケースも多くあります。

基本的に製品の品質機能を担保しなければならないような作業は流通加工ではありませんから、その場合はきちんと製造業としての製造行為として認識しなければなりません。

流通業の作業代行をする流通加工の増大

　製造業だけでなく、**流通業の作業代行をする流通加工**も多くあります。納入先＝販売企業が店舗で行っていた値札の付け替えやラベル添付などは普通に行われます。また、流通業側での販売キャンペーンに合わせた再包装なども請け負われています。

　最近の市場の成熟や値下げ競争により、卸売業者も利幅が取れなくなっています。かつては、小規模な企業の販売窓口の帳合い機能とあわせて物流の代行機能も持っていましたが、近年では体力がなくなってきており、こうした代行は困難になってきています。また、製造業側にも商物分離の動きがあり、物流を卸売業者に負担させず、製造業の自社物流か、物流企業に委託するかの選択が世の中の流れになってきています。

　とはいえ、長年にわたって商売を支えてくれた卸売業者を簡単に中抜きするわけにもいかないため、かつては卸売業者が行っていた納入先別ソートや小分け包装などの作業を物流として取り込んで流通加工を行うケースが出てきています。以前は単価を下げようと大口発注をして、段ボール入荷を受け入れて、小分けを自社で行っていた卸売業者や小売業者も、そうした作業や在庫管理の負担が難しくなってきたため、小口化した納入を要求するようになったのです。

　また、店舗内で弁当やお惣菜を製造するといった食品加工を行うような流通業では、容器と箸やフォーク、ナプキンといった使用する資材を取りまとめて必要な量だけ一括納入してくれるような流通加工業務のニーズがあります。食品加工を行うような流通業では、以前は自ら容器、箸、ナプキンを別々の業者に発注し、別々に入荷を受け入れ、在庫管理して、必要なタイミングで必要なモノを必要な数量だけピッキングしていました。しかし、人手不足のため、こうした作業に人手を割くことができなくなりました。そのため、流通業に代わってこうした作業を受託し、管理できる機能が物流に求められています。流通加工は今後も物流企業にアウトソーシングされていくと思われます。したがって、ますます製造指示や作業指示の機能を持つ必要があるのです。

● 昔ながらのメーカー物流は顧客に負担が押し付けられている

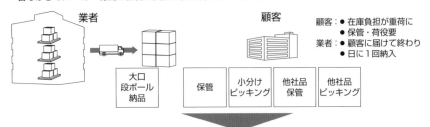

顧客：● 在庫負担が重荷に
　　　● 保管・荷役要
業者：● 顧客に届けて終わり
　　　● 日に1回納入

● 顧客の物流負担を取り込むことでサービスレベルを上げ、ビジネスを拡大していく

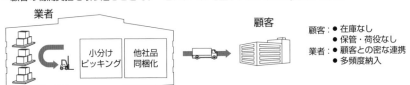

顧客：● 在庫なし
　　　● 保管・荷役なし
業者：● 顧客との密な連携
　　　● 多頻度納入

◆作業代行をする流通加工の例

3PLの進展と活用・連携方法

3PLの活用による競争力強化と国際物流業者の巨人化

3PL（サードパーティ・ロジスティクス）とは？

近年、にわかにビジネスモデルとして活用されてきているのが**3PL**（3rd Party Logistics：サードパーティ・ロジスティクス）と呼ばれる物流事業者です。国土交通省は、「総合物流施策大綱（2009-2013）」の中で、3PLについて「荷主に代わって、最も効率的な物流戦略の企画立案や物流システムの構築について包括的に受託し、実行すること」と定義しています。3PLとは、荷主でもない、単なる運送事業者でもない、第三者として、アウトソーシング化の流れの中で物流部門を代行し、高度の物流サービスを提供することです。

「効率的な物流戦略の企画立案や物流システムの構築について包括的に受託」とありますが、実態は、都度個別に検討・構築するわけではありません。3PL業者と呼ばれる物流業者が、自社で構築した物流ネットワークやサービスに荷主の物流を載せて、物流業務を包括的に受託するケースがほとんどでしょう。一荷主、一顧客のためにいちいち最適物流などデザインしていられないからです。

また、3PLというのが法的に定義されているわけでもありませんから、「これが3PL業者だ」ということもありません。つまり、3PL業者だと名乗った時点で3PL業者になるのです。

3PLの特徴と問題点、課題

鳴り物入りで紹介された3PLですが、実態は今までの物流業者と比べて大きくサービスレベルが上がっているわけでもありません。物流に関わる専門性や荷主に対するリード力があるのかというとそうでもありません。

とはいえ、これだけ物流サービスが進展し、IT化も進みましたから、それなりに機能は提供できます。また、グローバル化に伴って物流が複雑化したため、物流ネットワークの知見とサービス網は活用に値します。

一方で、3PLにも課題があります。まず、さほど高いサービス力があるわけでもありませんし、物流知識もそれほどでもありません。私が過去に選定に関わった世界的な3PL業者は、人的リソースがないため、地元物流業者を買収してサービス提供をしてきました。けれども、倉庫の引越しさえまともにできず、物流知識も乏しく、教育もされておらず、それはひどいものでした。その割に価格だけ高く、魅力といえばグローバル物流網だけでした。

他のケースでは、3PL業者が国内物流企業であったために問題が起きました。業務がブラックボックス化して一向に改善もされない従来の業者から切り替えたのですが、結局同じ状況に陥りました。荷主側にも問

3PLとは？

荷主に代わって、最も効率的な物流戦略の企画立案や物流システムの構築について包括的に受託し、実行すること。荷主でもない、単なる運送事業者でもない、第三者として、アウトソーシング化の流れの中で物流部門を代行し、高度の物流サービスを提供すること

3PL検討時の基準

Yes	No	
✓		競合に対抗していけるだけの物流品質を確保できるか？
	✓	今の物流業務に甘えはないか？
✓		他の業者と戦って遜色のない物流業務が営めているか？
	✓	日々改善の努力がされているか？
	✓	サービスレベルは上がり、コストダウンは進んでいるか？
✓		戦略的な価値を提供してくれるか？

しかし、現実は……

- 普通の物流会社が3PLの看板を掲げただけ
- 結局物流業務がブラックボックス化し、改善ができない
- 戦略性もなく、提案もない
- 劇的なサービス向上、競争力強化などの貢献がない

といったことになるリスクもあるので、慎重に検討する必要がある

◆3PLの理想と現実

264

題がないわけではありませんが、それにしても、専門性やサービス性、品質で特筆する業務は提供されませんでした。いつの間にか、物流下請け業者のようになっていきました。

3PLの課題は、荷主に本当に戦略的なサービスが提供できるかどうかです。そうでないと、単なる下請け業者になってしまいます。

▌3PL以外の1PL、2PL、4PLとは何か？

3PLがあるということは、1PL、2PLもあるということです。定義だけ確認しておきましょう。1PLは自社物流と考えてください。2PLは荷主の一部の業務を企画・提案して構築する物流業者です。

4PLという言葉もあります。4PLは荷主の全サプライチェーンに対し、企画から運用までの包括的な物流アウトソーシングを受託する業者です。3PLが一部の物流を受託するのに対し、4PLは荷主の物流機能全体のパートナーとしてサービス提供する形態です。いずれにせよ、荷主は自社の戦略と状態を鑑みて、名前に踊らされずにアウトソーシングを検討すべきです。

進む倉庫作業と物流間接業務のロボット化

作業ロボットとロボティック・プロセス・オートメーション

倉庫作業のロボット化の進展と過去の反省点

倉庫作業は古くから自動化やロボット化が進められてきました。自動倉庫、自動搬送車、自動ソーターなどの導入で、倉庫作業は効率化されています。

自動化やロボット化はうまく進んだ反面、失敗も多くありました。機器先行で導入された自動倉庫管理システムなどは廃棄・撤去の憂き目にあったものも多くあります。その原因は、大きく3つに分かれます。

第1の原因は標準化の遅れです。荷の標準化がされていないため、多様な荷姿に対応できず、結果的に使われなくなっていきました。私も自動倉庫導入後の稼働率がまったく上がらず、半分以上の荷が平置きされている巨大自動倉庫を見たことがあります。荷姿が多様すぎて、自動倉庫棚に入らない荷物だらけでした。

第2の原因は要件確認不足です。自動倉庫を導入したために、ピッキングと搬送が機械化されてかえって時間がかかったりします。また、多品種ピッキング・同梱化が必要なトータルピッキングが要求されるようになっても、1種類ずつ搬送されてくるため、要求に合わず、自動倉庫をやめ、作業者によるピッキング・梱包に戻された例もありました。

第3の原因はビジネスの変化です。少品種大量で低頻度出荷に対応していた自動倉庫が、多品種少量・多頻度出荷に耐えられなくなったのです。一時的にはビジネス要件を満たして効率化したものの、長くは続きませんでした。

再び倉庫作業のロボット化が進展し始めている

　近年のスピード配送への要求と人手不足もあいまって、倉庫作業の自動化がさらに求められています。梱包作業の自動化はいわずもがなですが、たとえばアマゾンジャパンでは保管棚が自走してピッカーのそばにくるシステムを導入しています（AMR：Autonomous Mobile Robotについては9-6参照）。これは、人手不足のため、最も貴重なリソースになる可能性がある"人"の工数を下げる努力です。

　しかし、物流に対する要件は変わりやすく、設備投資はフレキシブルな対応ができる機器を選定すべきです。過去、多くの自動倉庫や自動搬送車が廃棄されてきました。前述のような失敗をしないためには、人と機械の最適な組み合わせを設計した上で、将来の変更や拡張が柔軟にで

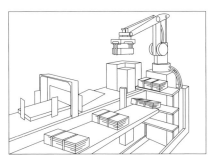

パレタイザー

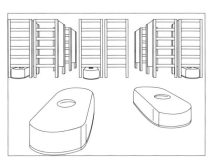

自動搬送車

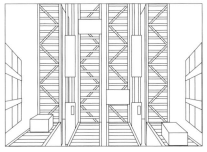

自動倉庫

自動搬送車による棚の自走

◆物流のロボット化

きる仕組みの導入が不可欠です。エンジニアは技術優先ですべてを自動化と機械化せず、人とシステムが柔軟に変化していくことに追随できる設備を入れるようにすることが重要です。

業務プロセスのロボット化

倉庫の直接作業員の効率化だけでなく、間接作業者の効率化も実現され始めています。伝票の起票や転記、印刷といった煩雑な間接作業のロボット化も可能になりました。

伝票の起票や転記といった作業には、業務プロセスのロボット化として**RPA**（Robotic Process Automation）という仕組みが登場しました。間接業務では、膨大なデータ転記、計算指示、印刷指示といった繰り返しが発生しますが、今までこうした作業は人が行っていました。この処理が、ソフト上にロボットを構築することで処理できるようになったのです。

ロボットですから、人間のようにミスをしません。疲れることなく処理をし続けます。間接工数の削減におおいに役に立ってきています。

11-7 脚光を浴びる物流IoTと センサーリング、実績収集・可視化

基本は変わらない、IoTは物流を進展させるが踊らされないように

IoTとは何か？

IoTはInternet of Thingsの略で、「**モノのインターネット**」といわれます。実際には、あらゆる情報がインターネット上に蓄積され、活用されるということです。また、データの発生源がパソコンやIT端末だけでなく、工場設備や物流機器、自動車、トラックといった機械類にも拡張されるということです。

今まで人が端末をたたいて入力したり、バーコードリーダーで読み取ったりといったデータ処理のための入力ではなく、直接的に設備の稼働状況、温度、機械回転数、出来高実績や良品・不良品をセンサーなどから取得し、データ化することがIoTです。センサー技術が進展し、IoT端末としてセンサーによるデータ収集が可能になりました。

人手不足の中で、データ収集が自動化される利点も大きなものです。人手では収集しきれないデータがセンサーなどから取得できるわけです。物流業界はデジタル・タコメーターなどによって人手によらないデータ収集をしていましたから、親和性が高いでしょう。

それだけではなく、今までは取れなかったデータが取れるようにもなっています。設備稼働中の異音、回転異常、温度異常などが測定できるので、異常感知が素早くできるようになりました。

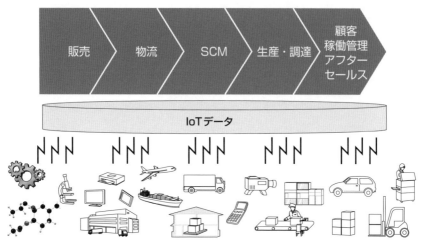

◆IoTであらゆるデータが蓄積される

稼働監視の効率化

　IoTの進展によって**リアルタイムの稼働監視**が可能になります。稼働中の設備状態が監視できるので、異常時のアラートや異常予測による事前予防保守の推奨ができるようになり、予防保全を行うことで稼働率が劇的に向上する可能性が出ています。トラックのエンジン、シャフト、ファン、タイヤなどのあらゆる場所にセンサーが設置され、監視することで異常感知が早くなります。

　また、トラックに位置情報を知らせるビーコンを搭載し、こうした稼働センサーと連動すれば、トラックの位置の特定と稼働監視ができるようになります。どこにトラックがいて、走っているのか、停止しているのか、トラックの荷台に余裕があるのかといった監視ができれば、より運行効率を上げるような指示がリアルタイムにできるようになるでしょう。

IoTによる倉庫作業実績の測定の自動化

　IoT機器が倉庫設備や搬送機器に設置できれば、倉庫作業の効率や実績が監視できます。たとえば、フォークリフトの稼働状況、走行距離、

実運搬時間、空運搬時間などが自動的に測定できます。フォークリフト台数の適正化のための分析や改善案検討が可能になります。

　フォークリフトの走行動線やピッキング作業者がカートを押して移動した動線やルートなども測定することで、動線分析と改善立案が可能になります。

　また、ローラーコンベアの最後にセンサーを設置することで、1日の出荷完了実績の測定もできます。倉庫の出荷数の測定による倉庫出荷作業の平準化、作業人員の適正化へのフィードバックが可能になります。

┃費用対効果を考えたときにIoT機器は投資価値があるのか？

　IoT機器の導入によって、実績の測定やデータ収集、監視のリアルタイム化が可能になります。しかし、IoT機器への投資とデータを収集・蓄積するための情報システムへの投資が必要になります。

　IoT導入による効果が高く、投資額が回収できるのであれば積極的に投資すべきですが、一方で人間が測定・収集するほうが安上がりである場合、投資の意味がない可能性があります。RFID同様、費用対効果をきちんと検討して、IoT投資をすべきでしょう。単なる真新しいテクノロジーのブームに踊らされず、実質的な技術利用を検討すべきです。

IoTが拓く自動運転、ドローン輸配送、アイドルリソース輸配送

IoT技術が輸配送を革新化していく

IoT技術による自動運転でドライバー不足を解消する可能性

　世界中で**自動運転**の実証実験が繰り返されています。IoT技術の統合によって車両の自動運転が可能になれば、トラック輸送や船舶輸送が自動化され、効率化される可能性があります。

　海外では、輸送におけるコストダウンの有力な手法としてトラック輸送の自動運転が検討されています。北米やオーストラリアなどの大陸型の国では、移動距離が長く、かつドライバーの拘束時間が長い上に人件費が高いので、自動運転による人件費抑制が図られています。

　一方、日本のような人手不足の国では、コストダウンというよりも人手不足対応のための自動運転ニーズが高くあります。トラックすべてを自動化するよりも、先頭車両だけ人が運転し、先頭に追随する数台の車両を自動運転にしようとする検討もされています。

　センサー技術の進展、位置情報の正確性の向上、状況対応に対する適切な判断技術の蓄積が行われ、自動化は徐々に可能になっていくでしょう。

　自動運転のためには、IoTだけでなく**人工知能**（**AI**：Artificial Intelligence）による適切な判断の実用化も必要になります。ビッグデータ解析は不要です。AIが自動的に経験し、機械学習により判断事例を辞書化することで、同様、または類似事象時の判断ができるようになることが必須なのです。IoTとAIの進展で自動運転は可能になっていくでしょう。

ドローンによる輸配送も実験段階に入っている

　ドローンによる輸配送も実験段階に入っています。ドローンは空を飛ぶので3次元移動が可能です。一方、トラックは道路を移動しなければ

ならないため、渋滞時や迂回要求がある場合、輸配送に時間がかかります。空を飛べるということは、谷を越えたり、山間部を越えたり、住宅を飛び越えたりすることで、最短距離で荷を運ぶことができます。また、途中に海や湖、川があっても、船に頼らずに空中を移動することによって、短時間での輸配送が可能になります。

　IoT技術が進展すると、ドローンで輸配送して荷を下ろし、再び倉庫に戻ることも無人でできるため、日に何度も輸配送が可能になります。もし、荷受けの自動化も可能になれば、出荷から納入・荷受けまで完全自動で輸配送が可能になるでしょう。

　今後ドローン輸配送は、航空法などの規制、事故時の対応のルール、紛失時や事故時の個人情報や機密情報への対応と保障などが整理されていけば、相当有望な輸配送方法になるでしょう。

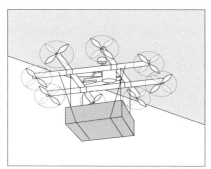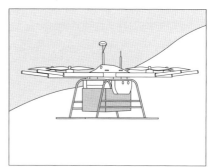

アマゾンのドローン輸配送の事業検討　　　　楽天のドローン輸配送「そら楽」

◆ドローンによる輸配送の実用化

アイドルリソースを輸配送に活用することはできるか？

　タクシー業界ではUberによって、既存ビジネスが揺らいでいます。Uberの自動車配車システムにより、空いている人と車両を呼び出してサービス提供を受けられるようにしています。こうした"アイドル（空いている）リソース（車両と人）"を活用したビジネスがタクシー業界を

揺さぶっています。

　同様に、輸配送にも**アイドルリソース**を活用しようとの考えも出てきています。個人所有の乗用車、トラック、オートバイを輸配送に活用しようという動きです。

　実現には、物流業者でない者が輸配送に関わることに対する法的対応やリスク対応などの整備が必要なため、そう簡単には進展しませんが、新興国などでは、既にサービスが展開されている国もあります。たとえばインドネシアのGOJEKは、バイクタクシーのOJEKが進化して、バイクで荷を運ぶサービスがスマホ上で指示できるようになっています。輸配送に空いている個人を活用するビジネスもすぐそこまで迫っているのです。

11-9 物流DX:ビーコンによる工場内在庫確認とRFIDの活用

工場内物流の見える化を支援するビーコンによるロケーション管理

ビーコンによる大型製品・大型部材のロケーション管理

製造業の工場内物流の課題として、大型製品の所在や大型部品の所在がわからなくなるというものがあります。大型の製品や部品は、置き場が工場内の適宜決めた平置き場などになることが多いです。そのため、棚管理をするようなロケーション管理が難しいのです。しかし、これらを探す時間は大きなムダです。

そこで、大型の製品や部品に**ビーコン**を付けて、電波を発信させることで、位置情報を把握する方法があります。ビーコンとは、無線を使った電波の発信を受信機で受け取り、位置を把握する技術です。

たとえば巨大な工場の敷地にランダムに仕掛品や部品が置かれていても、位置を特定し、ピッキングに行くことができます。

ビーコンによる部品、仕掛品の停滞の監視

部品や仕掛品などにビーコンを付けることで、位置情報でなく停滞情報が取得できます。止まっているものを特定すればいいのです。

しかし、必ずしもすべての停滞が悪いわけではありません。製造の単位（ロットサイズ違い）や設備の能力が少ない場合などでは、計画的に仕掛在庫を停滞させておくこともあります。そうなると、ただ停滞状態だけを把握するだけでは、停滞が単なる作業の非効率で停滞しているのか、計画的に停滞しているのかわからないこともあります。

こうした工場内の製造上の停滞では、単に停滞状態がわかるだけではなく、計画・指示に対する遅れが把握できなければ判断を誤ります。よって、ただビーコンを付けて進捗を測るというソリューションは実はあまり良くないのです。

RFIDを使うロケーション管理

　ビーコンではなく、RFIDを使ってロケーション管理を行うこともできます。ロケーションに番号コードを割り付け、大型製品や大型部品を置くときにRFIDとロケーションを紐付けます。そうすることで、システム側に品目とロケーション情報が渡され、ロケーション管理が可能になります。

11-10 物流DX:作業者・ドライバーのバイタル管理のDX化

ドライバーの安全と健康を守るためのモニタリングとセンシング

ドライバーの安全を守るドライバーモニタリング

ドライバー不足によって、ドライバーの重労働はなかなか解消されません。疲労による眠気、わき見などによる事故は避けねばなりません。そこで、運転席にカメラを付け、ドライバーを**モニタリング**する方法があります。

ドライバーの運転状況をモニタリングし、眠気を催した場合、ドライバーに警告するシステムが開発されています。首の傾きや表情で居眠りの可能性や眠気を感知し、音声で居眠りを警告したり、休憩を促したりすることで事故を防ごうという仕組みです。また、わき見も警告し、安全な運転を促します。

トラックの事故は大きな損害規模になりかねず、ドライバーの安全な運転を促すことが必要です。トラックは、できればドライバーモニタリングシステムが積まれた車両を選ぶべきでしょう。

人手不足のドライバーを守るバイタルセンシング

ドライバーの動きをカメラでモニタリングし、異常行動を感知するモニタリングシステムとは別に、ドライバーの体の状況をセンサーで読み取り、警告したり、データを蓄積してさまざまな分析をしたりできるようになってきています。

心拍数の変化、血圧、体温などのバイタル情報を取得し、運転中のドライバーの健康状態を監視し、かつ、データを収集して運転のストレスや変化を分析します。こういった仕組みを**バイタルセンシング**といいます。

多くの場合は開発段階ですが、心拍数はハンドルセンサーやシートセ

ンサーで取得できるようになってきています。体温はセンサーカメラで取得できます。このように車両内にセンサーを設置せず、体に装着するウェアラブル機器でもバイタルデータを取得できます。

こうしたデータを蓄積し、ドライバーの疲労度や体調を可視化し、健康管理を行うとともに、体調悪化の予兆を感知して、事前に対応ができるようにするため、バイタルデータを可視化する必要があるのです。

11-11 物流DX: 自動運転が拓く未来

自動車・商用車の自動運転と特殊重機・建機の自動運転

自動運転の進展と物流システムへの軽微な影響

自動運転の技術が進んでいます。自動運転はその進展具合に応じて、アメリカの**自動車技術会**（**SAE**：Society of Automotive Engineers）が次のように各レベルの基準を設定しています。

・レベル0

運転に対する一切のシステム制御が行われず、人間によって運転制御が行われます。

・レベル1

加減速、ステアリング操作をシステム支援します。先行する車両との距離を保つために加減速を行うクルージング機能、車線の逸脱の補正などを行います。

・レベル2

加減速調整とステアリング操作をシステムが支援し、その両方を連携することで運転を支援します。

・レベル3

高速道路などの特定の条件下で運転に関わるすべての操作をシステムが行います。緊急時はドライバーが運転を取り戻して対処する必要があります。ドライバーが対応するため、完全自動ではありませんが、それでも相当な自動化です。現在、日本ではレベル3までの車両が販売されています。

・レベル4

　高速道路などの特定の条件下で緊急時対応も含めてすべての運転を自動で行います。

・レベル5

　高速道路に限らず、すべての運転が自動化されます。状況判断、緊急時対応もシステムが行うため、ドライバーや運転という行為が必要でなくなります。

　一般の企業に存在する物流システムとこうした自動運転との連動は現在では考えられません。車両に積まれるシステムやセンサー技術を利用して運転支援をすることになります。

自動運転 レベル	内 容	
レベル0	運転に対する一切のシステム制御が行われず、人間によって運転制御が行われる	現在はレベル3まで到達
レベル1	●加減速、ステアリング操作をシステム支援するレベル ●機能間には連携はなく、個別に動くため、その統合は人間が行う	
レベル2	加減速調整とステアリング操作をシステムが支援し、その両方を連携して運転を支援する	
レベル3	高速道路などの特定の条件下で運転に関わるすべての操作をシステムが行うが、緊急時はドライバーが運転を取り戻す	
レベル4	高速道路などの特定の条件下で緊急時対応も含めてすべての運転を自動で行う	レベル4は実験段階
レベル5	●高速道路に限らず、すべての運転が自動化される ●状況判断、緊急時対応もシステムが行う ●人間は運転から解放される	

◆自動運転のレベル

　ドライバー不足やドライバーの超過労働による疲労に対し、自動運転が進展することは望ましいことです。しかし、レベル4に関しては、技術的な進展に合わせて、法律の改正が必要なため、実現はまだまだ先になると予測されています。

重機・建機の自動運転と物流システム

　重機や建機などの特殊車両の自動運転は車両の制御システムも開発されてきています。当初は車両の位置情報や稼働情報などを収集し、データを提供するサービスが立ち上がりましたが、現在ではこうした重機や車両の自動運転が導入され始めています。

　たとえば土地を転圧するローラーは、地図情報で土地の形を拾い、土地を転圧する範囲を特定し、転圧範囲の運転を指示してGPSで位置情報を取得しながら指定した範囲を自動で転圧します。

　自動での運転制御だけでなく、転圧実績も計測し、均等な鍛圧になっているかどうかも記録することができます。もちろん、衝突や人をひいてしまうような事故を防止するセンサーも搭載し、周囲で工事を行っている作業者の安全も守ります。

　同様の仕組みは建機や現場での大型トラックの自動運転などにも使われ始めています。工事現場や露天掘りの鉱山などの限られた場所での自動運転であり、法律上の制限が道路の自動運転よりは厳しくないため、技術の展開はより急速に進んできています。重機や建機の自動運転も各メーカーが自動運転のシステム開発にしのぎを削っています。

一般企業は自動運転システムを活用することで省力化を狙う

　自動運転のシステムは一般企業の物流システムとの連携はないものの、自動運転のシステムを搭載した車両を使うことで、人手不足に対応できます。

　重機や建機の運転も人に依存してきましたが、自動運転化できれば作業稼働時間が大幅に増大するため、効率的です。重機や建機の自動運転によって、効率化に加え、作業品質の等質化、品質の維持が可能になり

ます。

　通常は属人的な運転に依存しているため、人によって品質がばらつくためです。運転スキルが低い新人が運転するより、自動運転での作業結果のほうが品質が高く、均一な作業結果が望めます。人手不足や一定のレベルの品質維持のために自動運転システムを搭載した車両の活用は有効です。

物流システム

索引

執筆者紹介

石川 和幸（いしかわ かずゆき）

早稲田大学政治経済学部政治学科卒、筑波大学大学院経営学修士。

日本能率協会コンサルティング、アンダーセン・コンサルティング（現、アクセンチュア）、日本総合研究所などを経て、サステナビリティ・コンサルティングを設立、代表を務める。

専門は、ビジネスモデル構想、SCM構築・導入、ERPシステム導入、管理指標導入、プロジェクトマネジメントなど。

著書に『エンジニアが学ぶ生産管理システムの「知識」と「技術」』(翔泳社)、『この1冊ですべてわかる SCMの基本』『図解 生産管理のすべてがわかる本』『在庫マネジメントの基本』『図解でわかる 販売・物流管理の進め方』(以上、日本実業出版社)、『なぜ日本の製造業はもうからないのか』(東洋経済新報社)、『思考のボトルネックを解除しよう!』『「見える化」仕事術』(以上、ディスカヴァー・トゥエンティワン)、『図解 よくわかるこれからのSCM』(同文舘出版)、『現場で使えるSCMの教科書』(ソシム)などがある。

Mail：kazuyuki.ishikawa@susco.jp
会社URL：http://susco.jp/

本書内容に関するお問い合わせについて

このたびは翔泳社の書籍をお買い上げいただき、誠にありがとうございます。弊社では、読者の皆様からのお問い合わせに適切に対応させていただくため、以下のガイドラインへのご協力をお願いいたしております。下記項目をお読みいただき、手順に従ってお問い合わせください。

●ご質問される前に

弊社Webサイトの「正誤表」をご参照ください。これまでに判明した正誤や追加情報を掲載しています。

正誤表　https://www.shoeisha.co.jp/book/errata/

●ご質問方法

弊社Webサイトの「刊行物Q&A」をご利用ください。

刊行物Q&A　https://www.shoeisha.co.jp/book/qa/

インターネットをご利用でない場合は、FAXまたは郵便にて、下記"翔泳社 愛読者サービスセンター"までお問い合わせください。
電話でのご質問は、お受けしておりません。

●回答について

回答は、ご質問いただいた手段によってご返事申し上げます。ご質問の内容によっては、回答に数日ないしはそれ以上の期間を要する場合があります。

●ご質問に際してのご注意

本書の対象を超えるもの、記述個所を特定されないもの、また読者固有の環境に起因するご質問等にはお答えできませんので、あらかじめご了承ください。

●郵便物送付先およびFAX番号

送付先住所　〒160-0006　東京都新宿区舟町5
FAX番号　　03-5362-3818
宛先　　　　（株）翔泳社 愛読者サービスセンター

装丁・本文デザイン	FANTAGRAPH（ファンタグラフ）
カバーイラスト	岡村 慎一郎
DTP	株式会社 シンクス

エンジニアが学ぶ物流システムの
「知識」と「技術」第2版

2021年11月18日 初版第1刷発行
2023年　4月20日 初版第2刷発行

著　者	石川 和幸（いしかわ かずゆき）
発行人	佐々木 幹夫
発行所	株式会社 翔泳社（https://www.shoeisha.co.jp）
印刷・製本	株式会社 加藤文明社印刷所